基于学科核心素养理念的
中学化学
教学研究与实践

—— 杨光辉 ◎ 著 ——

东北师范大学出版社

长　春

图书在版编目（CIP）数据

基于学科核心素养理念的中学化学教学研究与实践 /
杨光辉著. — 长春：东北师范大学出版社，2021.6
ISBN 978-7-5681-7612-5

Ⅰ.①基… Ⅱ.①杨… Ⅲ.①中学化学课—教学研究
—高中 Ⅳ.①G633.82

中国版本图书馆CIP数据核字（2021）第125577号

□责任编辑：石　斌　　　　　□封面设计：言之凿
□责任校对：刘彦妮　张小娅　□责任印制：许　冰

东北师范大学出版社出版发行
长春净月经济开发区金宝街 118 号（邮政编码：130117）
电话：0431-84568115
网址：http：// www.nenup.com
北京言之凿文化发展有限公司设计部制版
北京政采印刷服务有限公司印装
北京市中关村科技园区通州园金桥科技产业基地环科中路 17 号（邮编：101102）
2021年6月第1版　2021年7月第1次印刷
幅面尺寸：170mm×240mm　印张：15　字数：226千

定价：45.00元

编 委 会

《普通高中化学课程标准（2017年版2020年修订）》（以下简称《课程标准》）提出，学科核心素养是学科育人价值的集中表现，是学生通过学科学习形成的正确价值观、必备品格和关键能力。高中化学学科核心素养是高中学生发展核心素养的重要组成部分，是学生综合素养的具体体现，反映了社会主义核心价值观下化学学科育人的基本要求，全面展现了化学课程学习对学生未来发展的重要价值。化学学科的核心素养包括"宏观辨识与微观探析""变化观念与平衡思想""证据推理与模型认知""科学探究与创新意识""科学态度与社会责任"五个方面。义务教育化学课程是化学学科的启蒙和基础教育课程，《课程标准》作为学生的化学学科核心素养发展的基本参照目标。

1983年8月，大学毕业的我，在湖北省的一个小县城的普通中学，开始了教师生涯。弹指一挥间，30多年过去了，从高中化学老师到学科教研员，我一直从事化学教育、教学和班主任工作，以及化学教育、教学研究工作。在教育、教学过程中，我遵循"要教好书，先育好人；要育好人，自己先做好人"的教育思想，践行"亲其师、信其道、循其步""授之以鱼，不如授之以渔"的教学理念。

在化学教育、教学的研究过程中，我经常面临这样几个问题：中学教师应怎样进行教学设计？怎样上好课？怎样进行教学研究？怎样成长为一名研究型的教师？这是年轻教师初上讲台激情满满的时候面临的问题，也是成熟教师在职业倦怠期面临的挑战。如何紧紧围绕"发展学生化学学科核心素养"这一主旨，优化教学过程，有效提高教学质量，发展素养教育，落实立德树人的根本任务，是中学化学教师的基本职责，也是化学教学研究的基本方向。

记得我第一次公开课的课题是"乙炔"，教学设计是这样的：课的引入是把小时候在家玩的游戏搬到了教室，将一节竹筒下端开一个小孔，上端去节开口，竹筒直立，小孔朝上，从上口加水，水面平小孔，然后从上口加一小块电石。片刻，用点燃的火柴靠近小孔处，乙炔气体发生爆炸，发出巨大的爆鸣声，火焰从上端进出。学生欢呼雀跃，整节课由乙炔爆炸、燃烧现象开始，从宏观辨识实验的现象，到乙炔的组成、结构，最后到性质的微观探析。这和教材上先讲组成、结构，后讲性质的编排顺序不尽相同。一开始这样做，我心中没底，也不知道是否可行，心中忐忑不安。评课的时候，没想到还得到了同行的认可。我的第一篇教学研究论文是《实验室用什么方法制取氨气最好》，研究的原因是上课时演示制取氨气的实验不成功。课后，我连续几天时间在一个非常简陋的实验室，用生石灰、熟石灰、氢氧化钠和氯化铵、硫酸铵来制取氨气，并用排四氯化碳的方法来收集氨气，计算产率，寻求最佳的实验方案。最后我把实验的过程和相关数据整理成文，出乎意料的是这篇论文获得了恩施土家族苗族自治州教育学会化学专业委员会化学教学论文一等奖。

这两次经历给我留下了很深的印象，也开启了我的教育、教学研究和实践的旅程。我在研究中注重在实际问题中发现问题，分析原因，找到解决问题的方法的教学研究基本思路。因为重视教育、教学的研究和实践，随后的时间里，我所带过的十三届高中毕业班，在高考中均取得优异成绩，指导的学生参加高中化学竞赛，获（赛区）全国一等奖三人次，二、三等奖三十多人次。我在教学之余撰写的三十多篇论文发表于《化学教育》《化学教学》等全国教育核心刊物，多篇论文曾分别获全国一等奖三次、全国二等奖两次、省一等奖五次、省二等奖两次、市一等奖四次。主编、参编了十多种教育教学专著、教辅资料。制作的多媒体课件曾获全国二等奖、全国优秀奖、省二等奖、市一等奖。主研了全国教育科学"十三五"规划课题、中国教育学会"十五"规划课题，以及四川省教育厅四川师范大学基础教育课程研究中心课题和成都规范课题等十多个科研课题。

近年来，我担任学科教研员，成立名师工作室，带领区域的学科教师和工作室的成员，一起进行教育、教学的研究和实践。我们从"新课标、新课程、新教材、新教学、新评价"等方面进行研究，落实化学学科核心素养的理念，取得了不少的成绩。这些研究主要集中在新高考、中考试题的研究、新课程教材分析、课堂教学研究、学科竞赛、学科教研等方面。我们把自己以及区域的一些研究和实践成果，整理成文，结集出版成本书。本书分为上、下两篇，其中上篇主要以教学研究的论文、经验和做法为主，下篇主要是工作室成员及区域老师近年来基于"活动元""项目式""研究性学习""实景课堂""网络教学""虚拟实验"等教学形式的课堂教学案例。这些案例都是在全国、省、市的中学化学各种教学比赛或者展示交流活动中获得佳绩的课例，其中有全国高中化学优质课展评（武汉）特等奖、全国高中化学优质课（黄山）展评示范课、教育部"一师一优课"优质课（4个），四川省高中化学优质课评比一等奖（3个）、四川省初中化学优质课评比一等奖（2个）和成都市高中、初中优质课特等奖、一等奖（多个）。

　　本书出版的过程中，得到了各位领导、专家和同行的关心和指导，也得到工作室全体成员和区域内老师的大力支持，他们是成都七中八一学校何国章、夏开棋，成都七中万达学校唐晓毅、邓诗丽，成都树德中学黄智槐、赵凤玲，成都石室双楠中学朱柯宇，成都二十中王雅敏、张雪，成都铁中黄丽君、曾娜、张小艳，成都人北中学唐翕，成都蜀西实验学校齐梦霓，天府七中彭蜀，华阳中学罗翠蓉，锦江区教师进修学校吴瞰艳，温江区教育研究培训中心周亮，龙泉区航天中学薛盼。在此一并诚挚感谢！

杨光辉

2020年12月

上 篇 教学研究

下 篇　教学实践

教学研究

基于真实情境素材命题
助推学科核心素养落地

——2020年全国高考试题命题情境特点分析

　　传统的教学以知识点的掌握为核心，忽视知识学习过程中真实情境的创设和知识应用于真实情境的问题解决能力的培养，不能有效培养学生的核心素养。2017年版课程标准提出了化学学科的五大核心素养：宏观辨识与微观探析、变化观念与平衡思想、证据推理与模型认知、科学探究与创新意识、科学态度与社会责任。新课标强调真实情境的创设，强调以化学知识为工具来解决基于真实情境的实际问题，发展和评价学生的核心素养。

　　2020年高考化学试题精心选取日常生活、生产环保、学术探索、实验探究等情境素材，聚焦学科主干内容，丰富信息呈现形式，突出关键能力考查，发挥化学学科独特的育人功能，提升考试评价的积极导向作用，发展学生的学科核心素养。

一、2020年高考化学全国卷真实情境素材特点分析

　　通过研究2020年全国卷高考试题，不难发现高考试题大多借助真实情境素材营造陌生情境对学生进行考查，而不是去情境化的必备知识的简单考查。对2020年高考全国卷三套化学试题做出分析见表1。

表1　2020年全国卷三套化学试题部分试题分析

试卷	题号	情境素材	化学知识	核心素养
全国Ⅰ卷	7	新冠病毒、消毒剂	元素化合物基本知识	宏观辨识与微观探析
	8	紫花前胡醇、中药	有机物的结构和性质	证据推理与模型认知
	10	铑的配合物催化反应	微观反应的表征	宏观辨识与微观探析
	12	新型水介质电池	原电池电极反应、离子移动方向	证据推理与模型认知
	13	中和滴定曲线、分布分数	溶液中的离子平衡	变化观念与平衡思想
	26	工艺流程制备矾的化合物	氧化还原反应、离子方程式、盐类水解、沉淀转化	证据推理与模型认知 变化观念与平衡思想
	28	硫酸工业、反应速率方程	热化学方程式、化学平衡、平衡常数	变化观念与平衡思想 证据推理与模型认知 科学探究与创新意识
	35	锂离子电池、2019年诺贝尔奖	电子结构、电离能、空间构型、价层电子对、杂化轨道、晶胞计算	证据推理与模型认知 科学探究与创新意识
	36	有机超强碱的合成	有机物名称、官能团、反应类型、结构简式、同分异构体、有机反应方程式	证据推理与模型认知 科学探究与创新意识
全国Ⅱ卷	7	《梦溪笔谈》	胆矾的组成、性质	宏观辨识与微观探析
	9	CO_2对海洋生物的生存环境的影响	化学平衡、能源	变化观念与平衡思想
	11	$Fe(CO)_5$催化某反应的反应机理图	微观反应的表征	宏观辨识与微观探析
	12	电致变色器件	电解质电极判断、离子移动方向、电极反应	证据推理与模型认知
	26	疫情、消毒剂	含氯消毒剂的制备、反应、计算	证据推理与模型认知 科学探究与创新意识
	35	钙钛矿、我国科学家的研究成果	物质结构与性质	证据推理与模型认知 科学探究与创新意识 科学态度与社会责任

试卷	题号	情境素材	化学知识	核心素养
全国Ⅱ卷	36	维生素E、α–生育酚	有机化学基础	宏观辨识与微观探析 证据推理与模型认知
全国Ⅲ卷	7	《千里江山图》	孔雀石颜料、蓝铜矿颜料	宏观辨识与微观探析
	8	金丝桃苷、中药	有机物的结构和性质	证据推理与模型认知
	12	碱性硼化钒–空气电池	原电池电极判断、电极反应、电流方向、计算	证据推理与模型认知
	26	含氯消毒剂	含氯消毒剂的制备、反应	证据推理与模型认知 科学探究与创新意识
	35	氨硼烷（NH_3BH_3）	物质结构与性质	证据推理与模型认知 宏观辨识与微观探析
	36	苯基环丁烯酮、我国科学家的研究成果	有机化学基础	证据推理与模型认知 科学探究与创新意识 科学态度与社会责任

（注：各题核心素养的考查并不是孤立的，此表仅列举了主要体现的素养）

1. 联系热点事件，展示化学价值

2020年高考化学试题融入新冠肺炎疫情防控知识，展示化学价值，增强立德树人的时代性。全国Ⅰ卷第7题以国家卫健委公布的新型冠状病毒肺炎诊疗方案（第七版）中提出的一些常用灭活病毒药品为素材，考查有关化学知识。全国Ⅱ卷第26题和全国Ⅲ卷第26题以含氯消毒剂的合成、反应及性质为情境，考查元素化学知识，普及公共卫生中的化学知识，展现化学科学的社会功能。

2. 挖掘传统文化，增强文化自信

试题注重挖掘我国传统文化中的相关素材，呈现传统成果，增强文化自信。全国Ⅲ卷第7题以《千里江山图》中的典型绘画颜料为情境，考查学生对化学知识的掌握和应用，激发学生热爱艺术的兴趣；全国Ⅰ卷和Ⅲ卷第8题分别以中药材中提取的紫花前胡醇和金丝桃苷为背景，考查有机物的结构和性质，展现中医药的神奇魅力和作用，弘扬中医药文化。

3. 选择学科前沿成果，考查辩证思维能力

化学命题坚持精选科学家发表的前沿研究成果为情境，在考查学生的化学知识基础上，考查学生的辩证思维能力，我国科学家的研究成果还可以激发学生的爱国主义情怀。如全国Ⅱ卷第35题以我国科学家研发的超强耐久性钙钛矿太阳能电池为情境，考查核外电子结构、杂化轨道类型、微粒间的作用力以及作用力对物质熔点的影响、晶胞中原子的相对位置关系和密度计算等。

在某些放热反应中，一定温度下转化率越高反应速率越小，因此在实际工业生产中，要利用辩证思维的方法，依据转化率、反应速率（产能）与温度之间的关系寻找最合适的工业反应温度。全国Ⅰ卷第28题通过给予陌生的二氧化硫催化氧化的反应速率方程，要求学生正确理解一定转化率下反应的最适宜温度，并正确分析速率–温度曲线中反应速率随温度变化的原因。

2020年全国Ⅰ卷28.（4）研究表明，SO_2催化氧化的反应速率方程为：$v = k\left(\dfrac{\alpha}{\alpha'} - 1\right)^{0.8}(1 - n\alpha')$。式中：$k$ 为反应速率常数，随温度 t 升高而增大；α 为 SO_2 平衡转化率，α' 为某时刻 SO_2 转化率，n 为常数。在 $\alpha' = 0.90$ 时，将一系列温度下的 k、α 值代入上述速率方程，得到 $v - t$ 曲线，如图1所示。

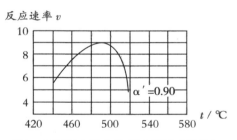

图1　2020年全国Ⅰ卷第28题图（部分）

曲线上 v 最大值所对应温度称为该 α' 下反应的最适宜温度 t_m。$t < t_m$ 时，v 逐渐提高；$t > t_m$ 后，v 逐渐下降。原因是_____。

二、高中化学课程标准对基于真实情境素材教学的建议

学科核心素养导向下的真实情境的功能主要有：一是激发和强化学生的学习动力，促使学生主动学习，积极探究，从而提高学习效率；二是帮助学生及时、独立、准确、全面地理解加工信息，并提取相关知识，从而建立新旧知

识的链接，深化学生对知识的理解，形成知识网络，使学习达到较高的水平；三是关注学生对内隐知识经验的获得，促进学生个性化、多样化的学习，从而提升学生对知识的迁移运用能力，为学生的终身学习奠定基础；四是注重挖掘和利用学生的社会经验，使学生从各个方面或不同角度去思考和探索科学知识，从而培养学生的批判性思维和解决实际问题的能力，发展学生的学科核心素养。

在《普通高中化学课程标准（2017年版2020年修订）》中，每一个主题都有情境素材建议。主题1的情境素材有：有关化学发现的故事，有关理论、模型不断发展的史实，化学研究技术及应用，改革开放以来我国化学科学研究的重要成果，化学科学与技术在建设创新型国家方面做出贡献的事例。主题2的情境素材建议如表2。

表2　常见的无机物及其应用的情境素材建议

分类	情境素材
金属及其化合物的性质与应用	补铁剂；实验室中硫酸亚铁的保存与使用；印刷电路板的制作；打印机（或复印机）使用的墨粉中铁的氧化物（利用磁性性质）；菠菜中铁元素的检验；钠着火的扑救；钠用作强除水剂
非金属及其化合物的性质与应用	火山喷发中含硫物质的转化；"雷雨发庄稼"；氮的循环与氮的固定；工业合成氨、工业制硫酸（或硝酸）；氮肥的生产与合理使用；食品中适量添加二氧化硫的作用（去色、杀菌、抗氧化）；含氯消毒剂及其合理使用；氯气、氨气等泄漏的处理；酸雨的成因与防治；汽车尾气的处理
氧化还原反应和离子反应	电离理论建立的化学史料；氧化还原理论建立的史料；日常生活中的氧化还原反应

三、充分利用真实情境素材进行高中化学教学与评价

1. 结合社会热点事件，梳理真实情境素材

结合2020年的疫情，梳理各类消毒剂的消毒机理如表3。

表3 常见消毒剂及消毒原理

分类	举例	作用机理
酚类	苯酚	使蛋白质变性、凝固
醇类	乙醇、苯氧乙醇	使蛋白质变性
醛类	甲醛、戊二醛	使蛋白质沉淀
酸类	过氧乙酸、水杨酸	使蛋白质变性
重金属盐	硫酸铜、硫柳汞	使蛋白质变性
强氧化剂	高锰酸钾、过氧化氢、臭氧	利用强氧化性杀菌消毒
卤素类	碘酒、碘伏	氧化蛋白质
含氯消毒剂	氯水、次氯酸、次氯酸盐、二氧化氯等	利用强氧化性杀菌消毒
活性炭	活性炭	吸附有毒物质

为增强文化自信，近几年高考题加大了对我国传统文化相关素材的挖掘力度，整理的2018～2020年全国卷高考题中的传统文化相关情境素材如表4。

表4 2018～2020年全国卷高考题传统文化情境素材

试题编号	情境素材	化学知识
2020年Ⅰ卷8	中药材（紫花前胡醇）	有机物的结构和性质
2020年Ⅱ卷7	北宋沈括《梦溪笔谈》	胆矾制铜相关知识
2020年Ⅲ卷7	宋代《千里江山图》	孔雀石颜料和蓝铜矿颜料
2020年Ⅲ卷8	中药材（金丝桃苷）	有机物的结构和性质
2019年Ⅰ卷7	陶瓷	陶瓷的成分和性质
2019年Ⅱ卷7	古诗"春蚕到死丝方尽，蜡炬成灰泪始干"	蛋白质、石蜡、油脂的成分和性质
2019年Ⅱ卷12	古代绘画和彩陶	沉淀溶解平衡
2018年Ⅲ卷35（4）	中医典籍《中华本草》（炉甘石）	$ZnCO_3$中阴离子的空间构型、C原子的杂化形式

2. 利用真实情境素材，实施课堂教学设计

2017年版普通高中化学课程标准倡导真实问题情境的创设，开展以化学实验为主的多种探究活动，重视教学内容的结构化设计，激发学生学习化学的兴趣，促进学生学习方式的转变，培养他们的创新精神和实践能力。

命题聚焦学科实践，对学生的信息整理能力、辩证思维能力、语言表达能力等关键能力进行考核，体现了高考内容改革要求。

在氮的重要化合物复习教学中，笔者创设了以下真实情境。

氨：新能源汽车的曙光

英国科学与技术设施理事会（STFC）研究发现：NH_3是一种能效很高的燃料。某汽车生产商已试用NH_3作为新型汽车能源。

NH_3具有刺激性气味、易液化，无须高压储存，人们甚至可以用加油站的油枪把液氨加入油箱。如有少量泄漏，一条湿毛巾便可完全吸收。而且，氨相对来说并不昂贵，资源丰富并且易于生产和运输。

然而，氨气燃烧会产生有害的氮氧化合物（NO_x）。STFC的研究人员一直在考虑如何保证使用氨气燃料的安全性，同时又可以完全实现氮氧化物的零排放。尽管具体该如何实施目前还不明确，但"氨气燃烧不产生NO_x"在理论上是可以实现的，而且还不是很困难。

课堂围绕这则信息分别复习氨的物理性质、化学性质、制备等知识。

如：以"（NH_3）如有少量泄漏，一条湿毛巾便可完全吸收"为切入点探究NH_3的溶解性以及NH_3和水的反应。以"氨相对来说并不昂贵，资源丰富并且易于生产和运输"为切入点讲解合成氨的原理和相关科学史。以"氨气燃烧会产生有害的氮氧化合物（NO_x）"为契机学习NH_3和氧气的反应。以"'氨气燃烧不产生NO_x'在理论上是可以实现的，而且还不是很困难"为契机引导学生设计方案将NO和NO_2转化为对环境友好无污染的产物，树立"绿色化学"的理念，培养社会责任核心素养。

在铁的重要化合物的复习教学中，笔者设计了如下教学过程：

［提出问题］琥珀酸亚铁、乳酸亚铁口服液等补铁药品的有效成分中含有能够被人体吸收的Fe^{2+}。现有一盒琥珀酸亚铁药品，请设计实验证明它是否变质？

［学生讨论］如果变质，Fe^{2+}会被氧化成Fe^{3+}，因此，需要设计实验检验Fe^{2+}和Fe^{3+}。

［设计实验］取2支试管，各取少量琥珀酸亚铁药品配成的溶液，分别滴入

酸性高锰酸钾溶液和KSCN溶液检验Fe^{2+}和Fe^{3+}。

［教师评价］同学们的方案很好，分别通过Fe^{2+}和Fe^{3+}的特征反应来证明二者的存在，在选用试剂时还考虑到两种离子的相互干扰。检验Fe^{2+}所用的氧化剂除了酸性高锰酸钾，也可以用酸性重铬酸钾溶液，当然还可以利用铁氰化钾（$K_3[Fe(CN)_6]$）溶液检验：$3Fe^{2+}+2[Fe(CN)_6]^{3-}\!=\!=\!=Fe_3[Fe(CN)_6]_2\downarrow$，产物是具有特征蓝色的沉淀。

［提出新问题］如果只有氯水、KSCN溶液和蒸馏水，如何利用现有试剂设计实验证明补铁试剂部分被氧化？

［学生讨论］Fe^{3+}的浓度越大，和KSCN溶液反应生成的产物颜色越深。可以先用KSCN溶液检验Fe^{3+}，再加入氯水，看颜色是否变深。

［进行实验］取适量补铁试剂，加KSCN溶液后显红色，然后滴加氯水发现溶液颜色原本就较深，颜色变化不明显，无法证明Fe^{2+}是否存在。

［调整实验方案］向补铁试剂中加蒸馏水稀释，加入KSCN溶液后溶液呈浅红色，然后再加氯水观察溶液颜色是否加深。

教学设计与教学过程始终立足主干知识，夯实学生基础，同时结合情境素材，进行实验创新，培养学生的创新意识。

3. 立足真实情境素材，原创设计模拟试题

《普通高中化学课程标准（2017年版2020年修订）》指出，命题必须坚持以化学学科核心素养为导向，准确把握素养、情境、问题和知识四个要素在命题中的定位与相互联系，构建以化学学科核心素养为导向的命题框架（如图2），确立以核心素养为测试宗旨，以真实情境为测试载体，以实际问题为测试任务，以化学知识为解决问题的工具的四个命题原则，强调以化学知识为工具来解决基于真实问题情境的实际问题，发展或评价学生的核心素养。

图2　素养、情境、问题和知识的四个命题原则

基于学科特点，立足真实情境，坚持素养导向，我们在平时的教学评价过程中，可选取真实情境作为测试载体，考查学生利用知识解决实际问题的能力。例如，我们通过查阅专利、论文等文献资料，寻找合适的情境素材进行原创命题，用于教学评价。如我们通过查阅能源热转换及其过程测控教育部重点实验室（东南大学）桑圣欢等的论文《热重–红外联用分析纸厂废弃塑料的热解特性》原创设计了试题如下：

废弃塑料的热分解回收利用有显著的环境效益和经济效益，某废弃塑料成分含有聚乙烯、聚氯乙烯以及聚对苯二甲酸乙二醇酯等。回答下列问题：

（1）风干、粉碎废弃塑料样品，对其进行元素分析，结果如下表。

表5　元素分析结果

元素种类	C	H	O	Cl	S	N
质量分数（%）	61.78	9.16	4.62	0.90	0.12	0.04

该废弃塑料主要由_____组成（填物质名称）。

（2）废弃塑料在不同升温速率下的热分解失重曲线如下图，其中220～380℃为脱氯阶段，生成产物为含氯有机物和氯化氢，400～550℃生成的主要是小分子烃。

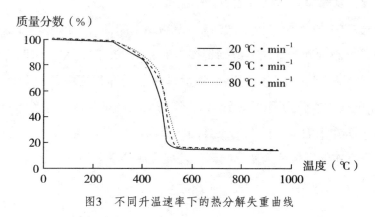

图3　不同升温速率下的热分解失重曲线

① 热分解过程中应尽量减少氯化氢生成，原因是_____，为减少氯化氢生成可采取的措施是_____。

② 不同升温速率对最终的固体产物质量_____（填"有"或"没有"）

影响。

（3）聚乙烯热分解会发生如下反应：

$$\text{┤CH}_2 — \text{CH}_2\text{┝}_n（\text{g}） \xrightarrow{\triangle} n\text{CH}_2 \text{══} \text{CH}_2（\text{g}）\quad \Delta H，相关物质的键能$$

数据如下表：

表6　数据明细表

化学键	C—C	C══C	C—H
键能 /（kJ·mol^{-1}）	347.7	615.0	413.4

该反应的 $\Delta H =$ _____ kJ·mol^{-1}。

（4）聚氯乙烯热分解过程中，会发生副反应：$O_2（g）+ 4HCl（g） \rightleftharpoons 2Cl_2（g）+ 2H_2O（g）$。

① 该反应化学平衡常数 K_p 的表达式为_____。（用平衡分压代替平衡浓度计算，分压＝总压×物质的量分数）

② 其他条件不变时，对于该反应的下列说法错误的是_____。

a. 升高温度，反应速率增大

b. 增大 O_2 平衡分压，反应速率增大

c. 增大 O_2 平衡分压，O_2 的转化率增大

d. 减小 H_2O 平衡分压，O_2 的转化率增大

③ 若测得不同压强下，HCl平衡转化率 α（HCl）随反应温度 T 的变化如图4所示，则该反应的正反应是_____（填"吸热"或者"放热"）反应，p_1 ____（填"大于""小于""等于"或"无法确定"）p_0，图中平衡状态 A 点时，测得容器内 $n（Cl_2）= 1.0 \times 10^{-2}$mol，则此时容器中 $n（HCl）=$ _____ mol。

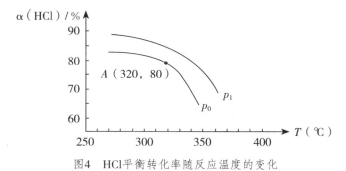

图4　HCl平衡转化率随反应温度的变化

四、结语

通过分析，我们发现2020年高考化学试题精心选取日常生活、生产环保、学术探索、实验探究等真实情境素材，聚焦学科主干知识，丰富信息呈现形式，突出关键能力考查，发挥化学学科独特的育人功能，提升考试评价的积极导向作用。我们将分析的成果用于高中化学课堂教学实践，收集整理教学情境素材，以此进行教学设计与实施，同时，还要立足真实情境素材，原创设计模拟试题进行教学评价与检测，只有这样才能提高高中化学课堂教学效率，特别是复习教学的有效性和针对性，也才能真正通过课堂教学的主阵地来发展学生的学科核心素养。

参考文献：

［1］马圆，严文法，宋丹丹.真实情境与化学学科核心素养的发展：基于《普通高中化学课程标准（2017年版）》的解读［J］.化学教育，2019（19）：6-10.

［2］中华人民共和国教育部.普通高中化学课程标准（2017年版2020年修订）［M］.北京：人民教育出版社，2020.

［3］杨光辉，黄静.化学物质与杀菌、消毒［J］.化学教育，2004，25（8）：4-6，27.

［4］桑圣欢，段钰锋，陈惠超，等.热重-红外联用分析纸厂废弃塑料的热解特性［J］.环境科学与技术，2013（2）：159-163.

注重学科素养和学科能力的考查，关注学科知识在生产生活中的运用

——近年来全国高考化学选择题、必答题命题趋势分析

　　从近年来全国化学学科考试内容和能力要求来看，化学学科的命题总体来讲应该会遵循前两年化学试题的命题原则和方向，无论试题内容还是试题形式都不会有太大改变。近几年全国高考化学试题的命题特点主要体现在以下几方面：一是试题符合课程标准和考试大纲的要求，难度不太大，没有偏题、怪题，试题突出考查学科核心素养、学科能力，学科的主干知识、重点知识和基本技能，试题重视教材但不拘泥于教材，对中学化学教学有正面指导作用；二是试题突出对学科能力的考查，尤其突出学生对化学信息接受、吸收、整合的能力，分析问题和解决（解答）化学问题的能力，以及化学实验与探究能力的考查；三是注重体现学科内各模块知识的综合；四是关注社会生活、生产中的热点问题。

　　本文将在对近年全国新课标高考化学试题第Ⅰ卷选择题和第Ⅱ卷必答题进行分析的基础上，结合笔者的一些原创或改编试题的案例，对全国新课标卷高考化学命题趋势提出一些自己的看法。

一、选择题命题趋势及复习建议

近年来的选择题主要还是以考查化学基本概念、基本理论为主，强调学科内概念、理论、元素化合物、有机基础、化学实验等知识点的综合。

每套试题的七个选择题中，大多数的题型和内容的方向是命题的"规定动作"，少数的题型和内容的方向是"自选动作"。"规定动作"主要集中在化学与社会生活、化学实验、元素周期表和元素周期律、化学实验、有机化合物、阿伏伽德罗常数（即物质的量）与微粒数目及气体体积的关系等考点；"自选动作"可能涉及氧化还原反应、离子反应、化学反应与热量、溶液中的离子平衡、电化学等考点。

选择题题型和内容命题趋势具体分析如下：

（1）化学与STS，将以元素及其化合物的性质为载体，考查基本的物质的组成、性质、反应等。例如，以2015年我国科学家屠呦呦获得诺贝尔生理学或医学奖、天津港爆炸事件等社会热点为情境素材的试题，同时关注化学史、科技史方面的内容素材。

（2）化学实验，将考查实验的基本方法和基本原理，实验室常用的实验仪器和装置的辨认，常用仪器的主要用途和使用方法，常见物质的分离提纯、常见离子的检验等基本操作，常见物质的制备等。考查基本反应原理的试题会多以"实验–现象–结论或解释"或"目的–方法–原理"的表格形式来呈现。考查实验仪器、装置，常见物质的分离、提纯，常见离子的检验，常见物质制备的试题会多以仪器或装置图的形式来呈现。

（3）元素周期表与元素周期律，将以给出3～4种短周期元素在元素周期表中的相对位置和原子结构方面的信息，推出具体元素，然后判断物质（或离子）的组成、结构，比较它们性质的强弱（高低、大小）的形式出现。近年已经涉及H、N、O、F、Na、Al、P、S、Ca等元素，以后也不会回避这些常见的元素的考查。

（4）电解质溶液，主要会考查电离平衡和溶解平衡。例如：要求根据难溶物的K_{sp}（不同类型物质K_{sp}要转化为物质溶解度后再进行比较）判断沉淀的先后次序；要求加工处理坐标图提供的信息，判断电解质的相对强弱，考查弱电解质的电离平衡及其影响因素；要求根据溶解度随温度的变化曲线进行物质的分离等。

（5）有机化学。选择题中的有机化学试题应该以必修2第三章"有机化合物"的基础知识为考查内容，但命题往往比这部分内容要"高""深"。例如，以有机物同分异构体为考点的原创模拟题就体现了这种命题的趋势。

【模拟题】碳原子的结合方式不同是形成同分异构体的原因之一。有机物中以4个碳原子为骨架的碳原子相互结合方式（不考虑环状结构），理论上应该有（   ）

A. 8种　　　　　　　　　　　　B. 9种

C. 10种　　　　　　　　　　　　D. 11种

（6）电化学。近几年试题考查过微生物电池的电极反应、反应产物判断及离子移动方向，考查过锂离子电池、液体钠电池和银器电化学腐蚀原理。以后该部分的试题还是要关注将电化学原理运用到实际的生产和生活中，特别是一些新型、高效的电池产品的原理、产物分析。

因在各年的试题第Ⅱ卷多涉及电化学部分内容，例如2014年电化学知识的试题出现在第Ⅱ卷的电渗析法制备次磷酸，2013年第28题涉及了二甲醚燃料电池的电极反应和能量密度的计算，所以选择题中这类型试题出现的机会相对较小。

至于化学反应与能量变化、化学反应速率、化学平衡等内容，除在2013和2014年考查过盖斯定律外，一般会在第Ⅱ卷中的第28题即化学反应原理试题中进行考查，且难度相对较大，所以选择题中这种题型出现机会很小。

选择题将会有多种信息呈现方式（如表格数据、坐标图、装置图以及经典文献素材等），强调联系社会生产、生活实际以及社会热点问题进行考查。例如，2015年新课标I卷第7题，通过清代《本草纲目拾遗》中记叙的"强水"来考查元素化合物的知识是一种新的信息呈现形式。结合2015年我国科学家屠呦呦获得诺贝尔生理学或医学奖的背景材料，拟定原创模拟题如下：

【模拟题】中国首位诺奖女科学家屠呦呦，从中药中分离出青蒿素应用于疟疾的研究灵感源于东晋葛洪医书《肘后备急方》中，"青蒿一握，以水二升渍，绞取汁，尽服之"。此方中使用的"水渍、绞取汁"，而若用传统的"煎煮"方法则无效。说明了青蒿素（　　　）

A. 属于糖类　　　　　　　　B.属于蛋白质

C. 易溶于水　　　　　　　　D. 受热分解

该题以《肘后备急方》中对青蒿作为草药使用过程的描述为素材，考查物质的分类、物质的性质等考点，贴近命题的趋势和方向，值得大家在复习中借鉴。

二、第Ⅱ卷必考题命题趋势及复习建议

近年来第Ⅱ卷3道必考题，共43分。命题的方向均为实验综合题、无机化合物综合题和化学反应原理综合题，试题难度呈阶梯式上升。

1. 实验综合题

近年来的实验综合题多以有机实验为载体，着重考查正确规范的实验操作、正确描述实验现象、根据实验目的进行实验设计、实验评价以及实验创新的能力，以及对实验中的定量问题进行相关的计算和分析讨论的能力。以后的实验综合题，可能会沿着这个思路进行命题，并使用大学有机化学实验作为素材，结合中学有机化学实验中的有机物的制备、分离提纯、收集等进行考查，具体可能涉及仪器名称，物质的分离提纯（洗涤、分液、蒸馏、干燥等）及其操作原因，仪器连接顺序，装置的作用，副产物的分析等内容。实验中的产物产率的相关计算和分析讨论也应加以关注。

中学教材中的一些基本实验的拓展提升也可能成为命题的内容载体，这些实验的研究以及实验的改进研究可能会直接成为试题的素材。例如，以人教版教材必修2第三章的科学探究内容——石蜡油的分解为素材原创的实验模拟题能体现这一思路。

【模拟题】石蜡油是石油分馏的一种产物，它在炽热碎瓷片的作用下，能发生分解反应。回答下列问题：

Ⅰ.石蜡油的分解实验装置如图1所示。

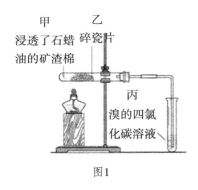

甲　　　乙
浸透了石蜡
油的矿渣棉　碎瓷片

丙
溴的四氯
化碳溶液

图1

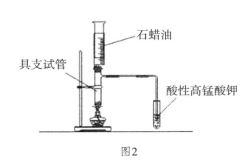

石蜡油

具支试管

酸性高锰酸钾

图2

（1）石蜡油（化学式用$C_{16}H_{34}$表示）受热分解的化学方程式是_____。（写一步即可）

（2）实验中，丙处的现象是_____，甲处矿渣棉的作用是_____。

（3）实验中，给试管预热后，酒精灯加热的位置是（　　　）

A.甲处　　　　　　　　　　　　B.乙处

C.由甲处移向乙处　　　　　　　D.由乙处移向甲处

Ⅱ.为了探究反应过程中碎瓷片的作用和产物的成分，某化学小组设计了图2所示装置，并按不同的编号进行实验，并将生成的气体通入溴的四氯化碳溶液中。

表1

编号	实验操作	酸性高锰酸钾
①	将4 mL石蜡油加入试管中，加热到沸腾	不褪色
②	将4 mL石蜡油和14 g碎瓷片加入试管中，加热至沸腾	不褪色
③	将3滴石蜡油加入试管中，加热至汽化	约2 min后褪色
④	将3滴石蜡油和14 g碎瓷片加入试管中，加热至汽化	约4 min后褪色
⑤	_____。	约1 min后褪色

（1）从实验①和②分析可知，生成的气体成分是_____，

（2）从实验③和④中的酸性高锰酸钾溶液现象分析，生成的气体中一定含

有＿＿＿＿＿＿＿＿＿＿＿＿＿＿＿＿＿＿。

（3）从实验①～④分析可知，碎瓷片的主要作用是＿＿＿＿＿，其理由是＿＿＿＿＿。

（4）为了进一步证明（3）的结论，某同学设计了实验⑤，他的实验步骤是＿＿＿＿＿。

该模拟题的Ⅰ题，通过教材中石蜡油的分解实验的反应化学方程式的书写、矿渣棉的作用、加热的位置、实验的现象，考查实验的原理、实验的基本操作和实验的观察等知识和技能。Ⅱ题则通过对比实验，深入探究该实验中碎瓷片的作用和产物的成分，考查化学实验与探究的能力。

2. 无机化合物综合题

近年来的无机化合物综合题，呈现形式多以工业生产或科研实验为情境，以工业流程为载体，考查无机化合物的性质及综合知识，具体涉及元素化合价、电子式，电离、电极反应、化学（离子）方程式的书写，氧化还原反应产物的确定，溶液酸碱性的判断；以及通过生产工艺的流程，考查粗产品中杂质、浸渣等中间产物的成分的判断，生产方法或实验方案优劣的评价等。

无机化合物综合题的命题，在知识内容、能力要求上会保持相对稳定，试题的立意、情境素材、呈现方式、解答形式上不会有大的变化。例如，结合2020年我国各地的极寒天气，以融雪剂为素材的改编题能体现这样的趋势和特点。

【模拟题】融雪剂分为氯盐型和非氯盐型两种，氯盐型具有冰点低的优点，但对金属的腐蚀性强，环境污染大；非氯盐型对环境污染小，但冰点较高，成本较大。

回答下列问题：

Ⅰ.氯化钙和氯化镁属于氯盐型融雪剂，已知几种氯化物的溶解热（一定温度及压力下1 mol物质溶解在一定量溶剂中所放出的热量）见表2：

表2

物质	温度／℃	溶剂量（水）／mol	溶解热／kJ·mol^{-1}
$CaCl_2$	25	200	80.3
$MgCl_2$	25	200	151.8
$MgCl_2 \cdot 2H_2O$	25	200	82.8
$MgCl_2 \cdot 4H_2O$	18	400	41.8
$MgCl_2 \cdot 6H_2O$	18	400	12.3

（1）氯盐型融雪剂使用过程中，造成的金属腐蚀属于＿＿＿＿＿＿＿＿＿。

（2）25℃时，氯化镁生成二水合氯化镁的热化学方程式是＿＿＿＿＿＿＿＿。

（3）氯盐型融雪剂在包装、运输和贮存时应注意＿＿＿＿＿＿＿＿，其原因是＿＿＿＿＿＿＿＿。

Ⅱ.醋酸钙和醋酸镁固体的混合物（CMA）属于非氯盐型融雪剂，它是以生物质废液——木醋液（主要成分为乙酸，还含有少量甲醇等杂质）及白云石（主要成分为$MgCO_3 \cdot CaCO_3$，还含有SiO_2等杂质）为原料生产的，其工艺流程如下：

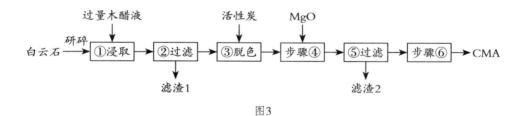

图3

（1）将白云石研碎的目的是＿＿＿＿＿＿＿＿。

（2）步骤①中发生反应的离子方程式为＿＿＿＿＿＿＿＿，滤渣1的主要成分为＿＿＿＿＿＿＿＿（填化学式）。

（3）步骤④中加入MgO的作用是调节钙镁的比例和＿＿＿＿＿＿＿＿。

（4）已知CMA中钙、镁的物质的量之比与出水率（与融雪效果成正比）的关系如图4所示，则$\dfrac{n(Ca)}{n(Mg)}$为＿＿＿＿＿＿＿＿时，融雪效果最好。

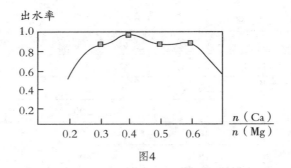

图4

（5）若反应过程中消耗3 molCH₃COOH，且CMA的质量为221 g，则CMA中醋酸钙和醋酸镁的物质的量之比为_____。

3. 化学反应原理综合题

近年来化学反应原理综合题考查的知识点以"化学反应原理"模块内容为主，主要涉及热化学方程式的书写及其应用，盖斯定律的应用，化学平衡与反应速率，平衡常数的计算与应用等。从考点数看，一般涉及4～6个考点。试题素材选择上注意体现化学学科的实用价值。试题既注重考查考生的基本知识及对教材的熟悉程度，也考查考生应用化学原理解答新情境问题的能力。试题在稳定中求变求新，创新地植入某些新知识，测试考生的学习潜能，通过隐藏部分信息，提升试卷的区分度。试题的信息呈现方式有文字描述、坐标图和定义等。解答形式为书写信息条件下的化学方程式、热化学方程式，求焓变及热效应，依据坐标图分析解答，以及根据给出的定义进行相关计算等。

近年来命题中，化学反应原理综合题依然可能在上述知识内容、能力要求上保持相对稳定，试题的素材情境、呈现方式、解答形式上也应不会有大的变化，同时还可能出现对化学计算的考查，但化学计算的要求将不会有太大的变化，难度也应该不会太大。考查重点依然应是学科思想方法和基本计算，以及运用数学工具分析得出化学结论的能力，例如守恒法、极值法等。另外，计算在实际中的应用将可能成为计算题命题的发展方向。

化学学科核心素养视角下的中考化学实验探究试题特点分析

——以近年来成都市中考化学试题为例

《普通高中化学课程标准（2017年版）》提出，化学课程"以发展化学学科核心素养为主旨，重视开展"素养为本"的教学，倡导基于化学学科核心素养的评价"。义务教育化学课程作为化学课程的启蒙和基础教育阶段，也应以学生的化学学科核心素养发展为基本参照目标。

成都市是全国义务教育均衡发展试验区。成都市中考化学试题是学业水平考试和高中教育招生考试两考合一的试题，试题既要体现初中化学学业水平考试的功能，又要体现高中学校招生选拔性考试的作用。其中实验探究题作为全卷主要的控分题，对试卷的难度、区分度的影响最大，是最能承担高中学校选拔作用的一个试题。本文结合高中化学学科素养在初中化学教学内容和方法上的延伸，就近年来成都市中考化学实验探究题的试题特点进行分析。

一、化学学科核心素养概述

《普通高中化学课程标准（2017年版）》所提出的高中化学学科核心素养包括"宏观辨识与微观探析""变化观念与平衡思想""证据推理与模型认知""科学探究与创新意识""科学态度与社会责任"五个方面。《义务教育化学课程标准（2011年版）》规定的初中化学课程包括"科学探究""身边的化学物质""物质构成的奥秘""物质的化学变化""化学与社会发展"五个主题内容。其中的身边的化学物质及物质的化学变化、物质构成的奥秘、科学探究、化学与社会发展，分别可以和宏观辨识与微观探析、变化观念、科学探究、社会责任等核心素养相对应衔接。初中化学中的空气、水、碳和碳的氧化物、金属和金属材料、酸、碱和盐，这些物质的性质、制取和转化关系是培养宏观辨识的对象和内容。元素、分子、原子和原子的结构等是培养微观探析能力的基础。常见分子模型、化学反应微观示意图等是模型认知的工具。探究的步骤、实验的操作与设计是科学探究的核心内容，提出问题、形成假设、收集证据、得出结论，是证据推理的基本要求。同时在科学探究的过程中新思路、新方法的提出是培养创新意识的途径。营养物质、元素与人体健康、有机合成材料、环境污染与保护等是培养社会责任的载体。

二、成都市中考化学试题简介

1. 试题的指导思想和依据

成都市中考化学试题的主要命题依据是《义务教育化学课程标准（2011年版）》（以下简称《课程标准》）和义务教育教科书《化学》（人教版，以下简称教材）及成都市初中毕业班学业考试说明（试行）（以下简称《考试说明》）；在遵循"重视基础、关注探究、联系实际、促进发展"指导思想基础上，遵循了科学性和基础性，保证公正、公平；兼顾学业测评和选拔功能相结合的原则。试题不仅要反映学生掌握自身未来发展所需要的基础化学知识和技能水平，还要反映学生运用化学知识、技能和方法，分析解决简单化学实际问题的能力。试题既要有利于正确引导教师改变教学行为，又要有利于促进学生学习方式的改变。试题要有利于促进初中化学教学质量的提高，有利于高中阶段教育学校选拔录取新生。试题还要体现国家《关于深化考试招生制度改革的实施意见》和高中新课程考试评价改革的衔接过渡。例如，近年来的成都市中考化学试题多以化工流程图的形式考查"身边的化学物质""物质的化学变化"主题内容。2017年成都市中考试题第8题，以"115号镆元素的"镆"取自古代剑名"镆铘"为情景考查"物质构成的奥秘"主题内容，就体现了上述意见中提出的"坚持立德树人，关注国家社会发展，联系生产实际，展现化学学科的实用价值"等改革方向。

根据《考试说明》要求，试题不分A、B卷，应当有适当的难度和较好的区分度，主要通过实验探究试题来控制整套试题的难度，确保试题有较好的区分度。近年来，成都市中考化学试题的实验探究大多是基于定量研究实验的探究题，通过问题的提出，实验设计、操作、观察和记录，数据分析、得出结论，实验反思等探究步骤进行考查。命题的依据是《课程标准》提出的"认识定量研究对于化学科学发展的重大作用""学习运用多种手段对物质及其变化进行观察""能独立地或与他人合作对观察和测量的结果进行记录，并运用图表等形式加以表述""能对事实与证据进行加工与整理，初步判断事实与假设之间的关系""对所获取的数据运用表格、线图等形式进行处理"，《考试说明》提出的"初步学会通过实验、观察等收集化学事实和证据，并能用文字、图表和化学语言客观、真实地描述简单的化学事实的现象"。

2. 试题的实测数据分析

成都市中考化学试题首先承担的是初中毕业会考的功能，所以难度整体上不大，体现初中化学的启蒙性和基础性。例如2017年全市中考化学平均分、难度和区分度的情况如表1：

表1　2017年成都市中考化学数据统计表

区域	平均分	难度	标准差	区分度
全市	57.88	0.64	20.3	0.56
第一圈层	63.52	0.71	19.3	0.52
第二圈层	55.61	0.62	20.16	0.56
第三圈层	53.44	0.59	20.06	0.56

但是试题同时要兼顾层次性和选拔性，所以实验探究题作为全卷的最后一题，其重要功能是提高试题的区分度，近年实验探究题除第1～2问外的其他问都具有较大的难度和较好的区分度，这样的设计有利于高中学校选拔出具有不同学习潜能的学生。例如2017年成都市中考化学试题19题的实测数据情况如表2：

表2　2017年19题实测情况表

	均分	难度	标准差	区分度
第19题1小题	0.91	0.90	0.28	0.3
第19题2小题	1.38	0.46	1.27	0.87
第19题3小题	0.32	0.16	0.59	0.46
第19题4小题	0.59	0.29	0.66	0.36
第19题5小题	0.23	0.11	0.6	0.39
第19题6小题	0.28	0.28	0.45	0.66
第19题7小题	0.74	0.37	0.46	0.13

数据分析可知，本题各小题的难度层次性较好，除7小题外，区分度基本上都接近或大于0.4，说明试题有很好的区分性。

三、成都中考化学实验探究题试题特点分析

1. 改变隐性的实验现象为显性的实验现象，培养学生宏观辨识能力

例1.（2016年19题）某小组学习"二氧化碳与氢氧化钠溶液反应"时，进行了如下探究。

【提出问题】

二氧化碳是与氢氧化钠反应，还是溶解在水中？

【查阅资料】

① 15 ℃、101 kPa时，二氧化碳的溶解度如表3：

表3　二氧化碳溶解度表

溶剂	水	酒精
溶解度（g）	1.0	0.3

② 15 ℃时，在酒精中，氢氧化钠易溶、碳酸钠微溶。

③ 通常情况下，稀溶液的体积约等于溶剂的体积。

【实验设计】

在15 ℃、101 kPa时，制取二氧化碳并用于如图1所示的实验甲、实验乙。

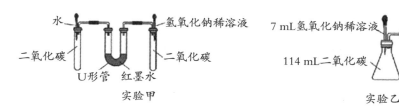

图1

【分析与表达】

（1）如果二氧化碳能与氢氧化钠反应，化学方程式是_____，那么氢氧化钠应_____保存。

（2）实验前，两套装置都进行了气密性检查。实验甲装置气密性检查的方法是_____。

（3）实验甲中，同时滴入等体积的水和氢氧化钠溶液后的现象是_____。

（4）实验乙中，将氢氧化钠溶液完全滴入锥形瓶，注射器活塞会自动向内移动并将酒精推入锥形瓶，活塞的移动速度是_____。（填答案字母）

A. 先慢后快　　　　　B. 先快后慢　　　　　C. 先慢后快，再变慢

实验乙中，还可能观察到的现象是_____。

（5）实验乙中，120 mL酒精_____（填"能"或"不能"）换成水，原因是_____。

【记录与处理】

（6）实验乙结束时，注射器中酒精体积为20 mL，则与氢氧化钠反应的二氧化碳体积至少是_____mL。

【结论与反思】

（7）由探究可知，二氧化碳能溶于水，也能与氢氧化钠发生反应。但实验乙的数据还不够准确，造成实验乙误差的原因可能是_____。（写一条）

有关二氧化碳与氢氧化钠溶液反应探究的传统试题不少，但因氢氧化钠溶液与碳酸钠溶液都是无色的，实验过程无明显的现象，而且氢氧化钠溶液中的水还能将二氧化碳溶解，也无法说明究竟是与氢氧化钠反应还是溶解在水中。本题的实验设计能将课本中学生已有的氢氧化钠与二氧化碳反应的隐性的实验现象转变成显性的，将定性的实验探究转变成定量的，直观、定量地说明二

氧化碳与氢氧化钠反应，从宏观辨识水平4所要求的："能在物质变化的情景中，依据需要选择不同的方法、不同的角度，对物质的变化进行分析和推断"角度重点考查了学生对观察到的实验现象和数据进行综合分析与处理来解决化学实际问题的能力。

2. 选择学生熟悉的物质制备或性质实验素材，帮助初中学生建立变化观念

近年来成都市中考化学定量实验探究题所用的情境素材，大多是基于教材实验素材的挖掘、改进和创新。例如2017年19题"对人体吸入和呼出气体的成分的探究"是教材第一单元探究实验"对人体吸入的空气和呼出的气体的探究"的定量化改进，2016年19题"二氧化碳气体与氢氧化钠溶液反应的探究"是教材第十单元碱的化学性质中的氢氧化钠与二氧化碳反应实验的挖掘，2015年19题"二氧化碳气体的收集方法的探究"以及2014年19题"二氧化碳实验室制取的探究"是教材第六单元"二氧化碳制取的研究"的创新和挖掘。这些实验素材直接取材于教材，所涉及的物质都是初中学生熟悉的二氧化碳、空气、氧气和氢氧化钠等。这些源于教材的实验和学生熟悉的物质有利于降低学生对试题情境素材的陌生度，在学生熟悉的知识内容情境下考查物质变化的类型、特征、规律，以及变化过程中量的变化，达到变化观念水平2所要求的："能从物质的组成、构成微粒、主要性质等方面解释和说明物质变化的本质原因"。同时这样的做法还有利于初中教学回归教材、重视教材，体现教材知识内容的实用价值和教学功能，避免初中教学中不必要的知识内容的拓展、加深和超前造成学生学业负担的加重。

3. 通过真实的定量实验的数据来培养初中学生的科学精神

化学实验是化学教学的重中之重，通过实验教学能很好地培养学生严谨求实的科学态度，也能很好地培养学生质疑创新的科学精神。例如，因教材中提到了二氧化碳能溶于水，通常状况下，1体积水约能溶解1体积二氧化碳，在二氧化碳制取的研究课题中，又提到排水法适合收集不易溶于水，不与水反应的气体。所以部分学生甚至老师认为不能用排水法收集二氧化碳气体，而且认为收集的二氧化碳气体经验满后就是纯净二氧化碳。真实的情况其实并非如此。实验和资料都表明二氧化碳是可以用排水法收集的，而且收集的二氧化碳气体比用排空气法收集的纯度更高。基于这样的实验事实，2015年19题提出了"二氧化碳能不能用排水法收集"这样的实验探究问题，通过数据分析，得出能用排水法收集二氧化碳气体的实验结论。再例如，有些学生和老师认为教材中空气成分的"其他气体和杂质"主要是指水蒸气。而真实的情况是空气中水蒸气会随着不同季节、环境、温度、气压的不同有较大的变化，其数值可以在0~4%之间波动。也就是说空气中的水蒸气体积分数是随条件不同随时变化的。就人体本身而言，通常情况下呼出的气体包含了更多的水蒸气，在测定时又会随着温度的变化而变化。基于这样的实验事实，2017年19题"对人体吸入和呼出的气体的探究"通过定量的实验设计及对实验数据的分析，得出教材中所提出的空气各成分体积分数，是除去水蒸气后对干燥空气的测定结果的实验结论。这样的实验情境和素材保证了试题的真实性和科学性，同时培养了学生的科学态度和质疑精神。

4. 改进实验的思路、方法来培养初中学生的科学探究和创新意识

例1.（2017年19题）某学习小组对人体吸入的空气与呼出的气体，进行了如下探究。

【提出问题】

人体吸入的空气与呼出的气体组成有什么不同？

【查阅资料】

通常条件下，白磷与氢氧化钠溶液不反应。

【实验操作、记录、分析】

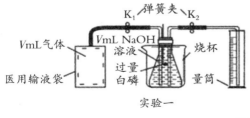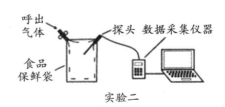

图2

实验一：

（1）先检查装置的＿＿＿＿＿＿，装入试剂，在医用输液袋中收集 V mL气体，连接装置。

（2）打开弹簧夹＿＿＿＿＿＿，缓慢将袋中的气体全部排出。读出量筒中液体体积为 V_1 mL。氢氧化钠发生反应的化学方程式是＿＿＿＿＿＿。

（3）关闭弹簧夹 K_1、K_2，再＿＿＿＿＿＿（填操作方法），以促使白磷迅速燃烧。待瓶中气体冷却至室温，打开 K_2。读出量筒中液体体积为 V_2 mL，其数值等于已反应的＿＿＿＿＿＿之外的气体总体积。

实验二：

（4）把氧气、二氧化碳、水蒸气（测湿度）探头放入袋中，开始采集数据，然后向袋内呼出气体。采集的数据经处理如图（见图3），表示二氧化碳体积分数变化的曲线是＿＿＿＿＿＿（填"X""Y"或"Z"）。Y的体积分数在60 s之后逐渐减小的原因是＿＿＿＿＿＿。

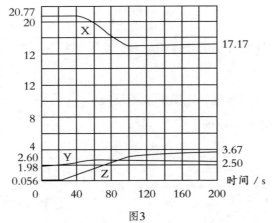

图3

【数据处理】

（5）实验一中，二氧化碳的体积分数是＿＿＿＿＿＿。氧气的体积分数是＿＿＿＿＿＿。

（6）实验二中，200 s时没有采集数据的所有气体的总体积分数为＿＿＿＿＿＿。

【评价与反思】

（7）有人认为教材中空气成分的"其他气体和杂质"主要是指水蒸气，由实验二判断此说法是_____（填"正确"或"错误"）的，理由是_____。

"对人体吸入和呼出的气体的探究"是学生最早接触的一个探究实验之一，通过对该实验的改进与创新，本题中的实验一和实验二设计都是从定量角度对此问题进行实验和探究，通过对气体的体积分数的测定，考查考生用已经学过的知识和已有经验来解决全新素材下同样问题的能力。其中实验一中的传统的定量实验，重在考查学生的思维能力和数理分析能力，实验二中数字化实验技术的定量实验，重在考查学生信息接受、吸收、整合和数型结合的能力，通过这些学科能力的考查使学生达到科学探究与创新意识水平3的要求："能通过实验探究的物质的性质和变化规律，提出有意义的探究问题，根据已有的经验和资料做出预设和假设，能设计简单的实验，能运用适当的方法控制反应条件，并顺利完成实验，收集和表述实验证据，基于实验事实得出结论"，培养初中学生科学探究和创新意识。

四、结语

综上所述，近年来成都中考化学试题的实验探究题，根据课程标准和考试说明，依托教材，以定量实验考查学生的学科基础知识和技能，其中重在考查学生解决简单化学实际问题的能力。试题有较好的综合性、稳定性、应用性和创新性，在保证学业水平考试试题要求的基础上，兼顾了试题服务于高中学校选才、引导初中课堂教学的作用，同时在一定程度上体现对化学学科核心素养的评价。

参考文献：

[1] 中华人民共和国教育部. 普通高中化学课程标准（2017年版）[M].
    北京：人民教育出版社，2018.

[2] 中华人民共和国教育部. 义务教育化学课程标准（2011年版）[M].
    北京：北京师范大学出版社，2012.

基于学业评价的中考化学试题与
课程标准、考试说明一致性分析

——以2016年成都市中考化学试题为例

成都市高中阶段教育学校统一招生考试（含成都市初三毕业会考）是义务教育阶段的终结性考试，目的是全面准确地考查学生在化学学习方面达到的水平，其结果既是衡量初中生是否达到毕业水平的主要依据，也是高中招生的重要依据。近年来，成都市每年有十多万学生参加中考，其中化学学科的考试满分为50分，实验操作考试占5分。成都作为全国义务教育均衡发展示范区，中考的考试成绩对学生的学业成绩水平的评价、学生的升学、老师的评价，以及社会的关注都有很大的影响，其考试内容和形式也会对初中的教学起到导向作用，某种意义上讲其影响可能会超过课程标准。因此，中考试题是否符合课程标准，是否与其保持一致，关系到教学中对课程标准的有效落实，关系到中考的评价能否体现课程标准的期望值。

一、分析依据

本分析依据美国学者诺曼·韦伯（Norman L. Webb）开发的学业评价与课程标准一致性分析程序进行。程序分为两步：第一步，对《义务教育化学课程标准（2011年版）》（以下简称《课程标准》）的主题目标和认知要求两个维度进行编码分类；第二步，对成都市2016年高中阶段教育学校招生考试（含成都市初三毕业会考，以下简称《考试试题》）的主题目标和认知要求两个维度进行编码分类，然后根据编码从知识种类、知识深度、知识广度和知识分布平衡性四个方面分析两者的一致性，从而判断两者之间是否符合韦伯程序的一致性标准。

二、《课程标准》和《考试试题》的内容编码

1.《课程标准》内容标准数目分布编码

表1 《课程标准》涉及的各主题内容与认识水平编码

主题内容 ＼ 认识水平编码	A	B	C	合计
身边的化学物质	15	20	1	36
物质构成的奥秘	8	8	6	22
物质的化学变化	3	7	5	15
化学与社会发展	6	18	0	24
实验基础与科学探究	1	4	10	15
合计	33	57	22	112

编码说明：

（1）《课程标准》中涉及的情感、态度、价值观中的用纸笔测试难以测量的目标内容不在此表内容范围内。

（2）《课程标准》内容中前四个主题中涉及的基础实验的内容合并到"实验基础与科学探究"主题内容范围中。

（3）《课程标准》中各具体内容的目标认识要求，以内容标准中每个知识内容及相应的行为动词为标准，从低到高分为A、B、C三个水平。A包括：知道、记住、说出、列出、找到、模仿操作等。B包括：认识、了解、看懂、识别、能表示、懂得、初步学习等。C包括：理解、解释、说明、区分、判断、简单计算、独立操作、初步学会等。

2.《考试试题》认知与技能考试内容数目统计

《考试试题》的结构是14个选择题、5个非选择题（其中包括1个填空题、1个计算题、1个实验题、1个化工流程题和1个实验探究题）。其中选择题四个选项如涉及考查内容相同，计1个，如不相同则分开计算考查内容，非选择题1个得分点按1个考试内容计算。统计结果如表2：

表2 《考试试题》涉及的各主题内容与认识水平编码

认识水平编码 / 主题内容	A	B	C	合计
身边的化学物质	9	13	4	26
物质构成的奥秘	5	2	0	7
物质的化学变化	4	2	0	6
化学与社会发展	4	4	0	8
实验基础与科学探究	6	4	5	15
合计	28	25	9	62
比例	45%	40%	15%	100%

三、《考试试题》与《课程标准》的一致性分析

1. 知识种类的一致性

知识种类的一致性，即评价与课程标准之间有相同的内容范围。知识种类的一致性可根据《考试试题》是否包括每个主题的相应内容来判断。韦伯认为，评价必须至少有6个测试题"命中"某一个主题内容的目标，才能达到可接受水平。

表3 《课程标准》与《考试试题》之间的知识种类的一致性

主题内容	课程标准		考试试题		一致性可接受水平
	目标数	比例（%）	击中数	比例（%）	
身边的化学物质	36	32%	26	42%	是
物质构成的奥秘	22	20%	7	11%	是
物质的化学变化	15	13%	6	10%	是

主题内容	课程标准		考试试题		一致性可接受水平
	目标数	比例（%）	击中数	比例（%）	
化学与社会发展	24	21%	8	13%	是
实验基础与科学探究	15	13%	15	24%	是
合计	112	–	62	–	–

由表3可知，《考试试题》击中五个主题的试题数分别为26、7、6、8、15，每个主题击中试题数均大于6，说明知识种类达到一致性可接受水平。但"身边的化学物质"所占比例最大，其他主题略大于或等于要求。碳、一氧化碳的化学性质和常见仪器的画法在《课程标准》中没有相应的内容。

2. 知识深度的一致性

知识深度的一致性，是指评价所要求学生展示的认知水平与课程标准期望学生所应达到的认知要求之间保持一致，可解释与界定每一个内容标准内不同目标的知识深度水平以及试题的知识深度水平，它是一致性分析中的核心要求。韦伯认为：测试题目的认知水平应至少有50%命中课程标准中的某个主题目标所要求的认知水平。

表4 《课程标准》与《考试试题》之间的知识深度的一致性

主题	与目标对照的深度水平（%）						一致性可接受水平
	低于		符合		高于		
	题数	比例	题数	比例	题数	比例	
身边的化学物质	2	7.7%	16	61.5%	8	30.7%	是
物质构成的奥秘	0	0%	5	71.4%	2	28.6%	是
物质的化学变化	0	0%	6	100%	0	0%	是
化学与社会发展	1	12.5%	7	87.5%	0	0%	是
实验基础与科学探究	2	13.3%	12	80%	1	6.7%	是
合计	5	8%	46	74.2%	11	17.8%	

《课程标准》对三种认知水平要求由低到高的三种比例要求约是3：5：2，从表4中数据可知，《考试试题》的三种认知水平要求比例约为7：8：3，其中

以识记为主的低层次记忆水平考查的比例过大，而理解与应用层次的要求偏低。

3. 知识广度的一致性

知识广度的一致性是指课程标准中希望学生所要学习的知识范围与学生正确作答评价试题或评价活动所需要的知识范围是相同的，或者是相当的，体现了考试内容的覆盖面。诺曼·韦伯判断知识广度一致性的可接受水平是，某一学习领域内，测试试题击中课程标准内容标准的具体目标数至少占课程标准总目标数的50%。根据《课程标准》和《考试试题》在知识广度方面的编码分析，《考试试题》各主题领域击中的目标数统计如表5。

表5 《课程标准》与《考试试题》之间的知识广度的一致性

主题内容	课程标准 具体目标数	考试试题 击中目标数	击中目标所占 比例（%）	一致性可接受 水平
身边的化学物质	36	23	63.9%	是
物质构成的奥秘	22	5	22.7%	否
物质的化学变化	15	5	33.3%	否
化学与社会发展	24	8	33.3%	否
实验基础与科学探究	15	13	86.7%	是
合计	112	54	48.2%	否

分析表5中数据可知，《考试试题》在"身边的化学物质"和"实验基础与科学探究"两个主题内容上达到了可接受的水平。其中"身边的化学物质"主题内容是课程标准中认识要求A层次目标数较多的部分，也是学业水平考试的核心内容，而"实验基础与科学探究"主题内容则是初中化学的能力要求较集中的部分，也是体现高中招生考试对学生学科能力选拔作用较多的部分。而另外三个主题内容没有达到可接受的水平，其中"物质构成的奥秘"主题内容的一致性可接受水平较低。

4. 知识分布的一致性

知识分布平衡性标准主要考查评价项目在各个具体目标之间的均匀程度。韦伯假定的前提是课程标准中知识的重要程度没有区别，其一致性水平用平衡性指数进行计算，计算方法如下：

$$平衡性指数 = 1 - \frac{\left\{\sum\left|\frac{1}{O} - \frac{I_k}{H}\right|\right\}}{2}$$

其中，O表示被命中的某内容标准所包括的目标总数，I_k表示命中目标的试题数，H表示命中该内容标准的试题总数。韦伯模式中知识分布平衡性的一致性计算方法中，若与某个主题内容标准相关的命中数量（试题数）恰好均等分布在各个目标上，平衡指数为1，说明平衡性良好。若平衡指数为0，说明大部分试题只对应一两个目标相关。单峰分布（大部分目标只对应一个目标相关，且每个目标只对应一道试题）的平衡性指数一般小于0.5，双峰分布的平衡性指数一般约为0.55或0.6。若平衡指数为0.7或更大，则说明试题在所有的目标分布中比较均衡，所以试题的可接受水平是：知识分布平衡指数的平均数大于或等于0.70。《考试试题》在各主题内容的知识分布情况及平衡性指数如表6。

表6 《课程标准》与《考试试题》之间的知识分布平衡性的一致性

主题内容	命中目标数（O）	命中目标试题数（H）	平衡性指数	一致性可接受水平
身边的化学物质	23	26	0.86	是
物质构成的奥秘	5	7	0.77	是
物质的化学变化	5	6	0.85	是
化学与社会发展	8	8	1	是
实验基础与科学探究	13	15	0.87	是
合计	54	62	0.85	是

分析表6中数据可知，《考试试题》各主题内容的知识分布平衡性均达到可接受的水平。其中"化学与社会发展"主题内容的一致性水平最高。

四、结论与思考

1. 结论

综上所述，《考试试题》与《课程标准》有较好的一致性，体现了"国家课程标准是教材编写、教学、评估和考试命题的依据，是国家管理和评价的基础"的纲领性原则。《考试试题》在知识种类上达到与《课程标准》的一致性，但因使用的教材的原因，造成其中极少数内容与《课程标准》不一致。《考试试题》在知识的深度上，以识记为主的低层次记忆水平考查的比例偏高，而理解与应用层次考查的比例偏低。《考试试题》在知识的广度上，两个主题内容达到一致性，另外三个主题内容的一致性偏低。《考试试题》在知识的分布平衡性上均达到可接受的水平，其中"化学与社会发展"主题内容的一致性水平最高。

2. 思考

（1）深入研究《课程标准》，准确理解《课程标准》认知要求

《课程标准》是教学与命题的纲领性文件，它的内容标准和认知要求水平是考试评价的重要依据。只有深入研究《课程标准》，对每个主题内容和相对应的认知水平进行准确的理解和定位，把握主题内容的范围和不同认知水平行为动词的含义，明确达到相应认知水平的学生应该表现出来的学习行为和能力，运用于教学目标和试题双向细目表拟定，才能保证课堂教学的有效性和考试评价的科学性。

（2）充分发挥成都初中毕业生学业考试说明（试行）对教学、复习和命题的导向作用

《考试试题》的命制以《成都初中毕业生学业考试说明（试行）》（下称《考试说明》）为依据，而《考试说明》的编写又是以《课程标准》为基础的。《考试说明》是《课程标准》和考试评价之间的桥梁，也是《课程标准》在考试评价上的具体体现。从这个意义上讲，《考试说明》能更加详细具体地引导教师的教学复习活动。

《考试说明》在试卷的结构、内容上有详细的说明和要求。例如《考试说明》在试卷结构上的要求如下：题型为选择题40%、非选择题60%左右；容易题、中等难度题、较难题的比例分别是60%、30%、10%。内容分布比例为：身边的化学物质45%、物质构成的奥秘15%、物质的化学变化20%、化学与社会发展20%，其中涉及科学探究与实验20%，涉及化学计算10%。近年来的试题基本上都是遵循这个比例的。以2016年中考化学试题为例：在试卷结构上，选择题14个，分值42分，比例47%；非选择题5个，分值48分，比例53%。在考试内容

上，各主题内容比例如表7。

表7 2016年中考化学试题各主题内容比例

主题内容	试题分值	比例
身边的化学物质	36	40%
物质构成的奥秘	13	14%
物质的化学变化	15	17%
化学与社会发展	10	11%
实验基础与科学探究	16	18%
化学计算	8	9%

《考试说明》在题型设计上，主要是通过样题来示范的。近年来，成都中考化学试题的选择题，在试题的情境素材选择、叙述及信息呈现方式、选项设置等方面形成了成熟的形式，保证了试题考查初中化学的基础和主干知识。非选择题在题型上基本上形成了固定的格局，15题是以识记为主的教材基础知识的填空题，16题是以基本计算为主的化学方程式计算题，17题是以基础实验知识和技能为主的填空题，18题是以化工流程为载体的填空题，19题是以实验探究为主的填空题。

《考试说明》对试题的难度和区分度是从考试的性质上来确定的，成都中考化学试题是学业水平考试和高中教育招生考试两考合一的试题，这就要求试题既要体现初中化学学业水平考试的功能，又要体现高中学校招生选拔性考试的作用。要达到这样的要求，试题就要有合适的难度和区分度。

参考文献：

[1]中华人民共和国教育部.义务教育化学课程标准（2011年版）[M].北京：北京师范大学出版社，2012.

[2]诺曼·韦伯.判断评价与课程标准一致性的若干问题[J].张雨强，编译.比较教育研究，2011（12）：83-89.

高中化学必修（人教版）教学内容的
处理策略与建议

  高中化学新课程分必修、选修两类，并由8个模块构成。其中，必修包括2个模块。在中学阶段化学课程中，初中化学课程是化学学科的启蒙课程，高中必修课程是共同基础课程，选修课程是满足学生个性化发展的课程，是必修课程的进一步拓展和延伸。针对高一新生，如何处理好必修教材的教学内容是顺利实施高中化学新课程的关键所在，本文试图在高中化学必修（人教版）教学内容的处理策略与建议方面做一些阐述。

一、真实摸清高一新生学情，提前做好初高中化学教学内容的衔接

  在高中化学新课程即将实施之际，高中教师应该首先学习《义务教育化学课程标准（2011年版）》、人教社义务教育课程标准实验教科书和成都市初中毕业生学业考试说明等相关书籍资料，摸清初中化学内容标准、教材内容编排及考试内容的说明，理顺初、高中化学内容标准的衔接关系和模块内容设置的对应关系，对初中化学的教学现状和学生的学情有一个全面深入的了解，以更好地适应高中化学新课程的实施要求。

1. 初、高中化学教材内容的编排体系的一致性

  化学新课程的内容呈现两个基本特点：模块化和主题化、多元化和层次化。必修内容是义务教育阶段化学课程内容的发展和延伸，两者的课程性质一

致，选修内容是必修内容的层次发展，三者一一对应，螺旋上升，五个一级主题呈现双三棱锥式，两个锥顶分别是方法主题——科学探究、观念主题——社会与发展，通过中间知识主题把两个锥顶联系在一起。初、高中人教版化学教材（下称教材）的编排体系是一致的，都是以科学（探究）方法的体验和学习为目标，以科学分类方法为基本线索，以知识实际应用作为切入点；突出知识与实际的联系，强调性质与用途的关系，将知识落实到实际的应用中，最后通过章节后的"归纳整理"栏目来促成知识网络的形成。初、高中化学内容标准之间的整体关系如图1所示：

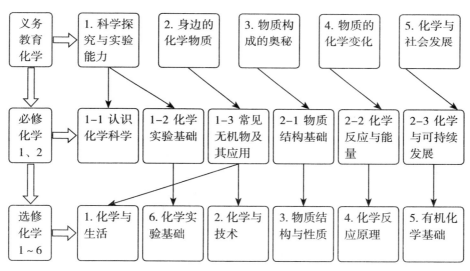

图1 义务教育和高中化学必修、选修内容标准关系

2. 成都市初中化学教学内容的要求

初中教材和初中毕业生学业考试说明在教学内容上的具体要求需要引起大家注意的有：以成都市初中毕业生学业考试说明为例来讲，溶质的质量分数只要求简单的计算，不要求涉及溶液密度的计算，不要求利用溶解度进行计算，不涉及结晶水的计算；对酸、碱、盐的内容和氧化物，不要求相关概念及相互的转化关系图；物质构成的微粒不要求概念的机械记忆，物质组成的计算不扩展和加深，只要求能根据元素的相对原子质量求相对分子质量、元素的质量比和元素的质量分数；化学计算的考查注重基础性，注重信息分析，不涉及多个

化学方程式的计算，一般也不涉及反应物不纯、原料损耗并存的计算、过量计算等；对氧化还原反应概念不做要求，只要求通过具体的反应和物质来了解氧化反应和还原反应、氧化性和还原性；化学实验的实际操作，在成都市的中考中不作为重点考查内容，而是以实验操作考试的形式计入总分进行评价（满分为10分）。

3. 成都市高一新生化学学科知识与能力现状

尽管初中化学新课程实施了多年，新课标和教材在知识与能力的要求方面也发生了一些变化，但由于部分老师在教学过程中，未能真正将新课程的理念落实，真正达到通过学生积极探究学习，形成持续的学习兴趣和自信心，并逐步形成终身学习的意识和能力的目的。甚至为了提高学生的中考成绩，他们盲目地增加教学内容，将学生能力的形成寄希望于传统的以讲授为主的教学方式、低效的重复训练，甚至盲目的知识扩充等。所以在初中毕业后进入高一的新生，在知识和学科能力方面还不尽如人意，特别是在科学探究的能力等方面还与新课程的要求有较大的差距。

二、正确处理好必修模块教学内容中的基础与拓展的关系

高中化学课程标准的必修模块的内容广泛，更加强调内容的基础性。必修教材内容选择以课程标准为依据，将课程标准的内容标准作为基本要求，遵循基础性、时代性和选择性的原则；注重以化学实验为基础认识化学科学，以科学方法为线索认识物质和化学反应，从分类的角度学习元素化合物，强调理论知识的作用及应用，以典型物质为代表认识有机物的性质和用途，以资源为载体认识化学、技术、社会的关系。必修模块通过各主题内容的教学，让学生形成对化学学科的初步认识和观念。

化学1、2在形式上是相对独立的，化学1以科学方法和元素化合物的知识为学习内容，化学2以两大概念原理、两大领域（物质结构与性质、化学反应）为学习内容，但实质上二者是一个整体。化学1在选修中不再上升，只是应用；化学2在选修中还要螺旋上升。

1. 必修内容教学所应遵循的基本策略

（1）基础内容是必修模块教学的核心

必修教材内容的选择注重知识与技能、过程与方法、情感态度与价值观三个维度，教材精选了基础知识和基本技能，如基本概念和原理、元素化合物知识、化学实验基本技能等，还有化学科学研究的一般过程和方法以及社会需求相关的内容，如化学实验基本方法、科学探究方法、分类方法以及化学与社会实际中的应用等内容，它们是必修模块教学的核心。

（2）拓展内容是必修模块教学的选择

化学课程通过设置选修课程模块来实现选择性，但必修模块的内容同样遵循选择性的原则，教材中设置了"科学视野""科学史话""资料卡片"等栏目，栏目编入了知识拓展、化学应用、化学史料、数据资料、小常识等内容，如"氨水为什么显碱性""一些物质的溶解性""预防硫化氢的中毒"等，必修教材通过这些拓展内容来体现选择性。它能引导学生爱好化学，激发学生的学习兴趣。

（3）选修内容是必修模块教学的延伸

选修内容是在必修模块的基础上为满足学生的不同需要而设置的，是必修模块的拓展和延伸，它旨在引导学生运用实验探究、调查访问、查阅资料、交流讨论等方式，进一步学习化学科学的基础知识、基本技能和研究方法，更深刻地了解化学与人类生活、科技进步和社会发展的关系，以提高化学科学素养，为具有不同潜能和特长的学生的未来发展打下良好的基础。所以必修模块的教学若要进行延伸是要依托选修内容的。

2. 必修教材中各主题内容的处理建议

（1）通过实验探究、活动感悟，有计划地逐步实施科学方法的教学

新课标将科学方法的教育作为内容标准安排在化学1的主题1、2中。必修教科书在着力构建化学知识体系的同时，力图从两个层面构建符合高中学生探究能力发展需要的科学方法体系：一是通过教科书中不同栏目的设计，体现科学认识的一般过程；二是重视科学认识过程方法的渗透。学生通过必修课程的学习，可以形成三种科学方法：一是化学科学的实验方法，如物质的分离和提

纯方法、检验方法、研究物质的性质的一般方法与程序；二是科学研究的一般方法，包括获取事实材料的观察、实验等方法，加工事实材料的逻辑方法、假说方法、模型方法等，科学的分类方法，物质的分类方法及化学反应的分类方法；三是作为定量研究的基础，化学计量在实验中的应用方法。

在科学方法的教学过程中应该注意以下几点：一是科学方法的教学需要学生亲历具体的科学探究过程，需要对探究的行为过程进行抽象，使操作过程转化为理性，同时需要使理性具体化，需要在取得成功后对采用的方法进行归纳、总结、感悟、升华，并且体验不同的方法的比较，只有这样才能让学生形成生动的科学方法，其效果也是知识灌输式的科学方法教学所无法比拟的；二是科学方法的教学需要经历多次、逐步提高的过程，需要制订好实施科学方法教学的长期计划，恰当地确定在各学段中科学方法教学的重点内容和层次水平，并精选教学案例作为科学方法教学的支撑；三是科学方法的教学需要以典型的案例作为突破口，结合具体的学科知识的形成和获取过程来进行，需要在积累经验的基础上进行归纳式的教学，在归纳的基础上逐步升华、提高认识，并注意适当的重复、变式和梯度教学。

（2）真正理解教材编排意图，提高"常见无机物及其应用"的教学有效性

原高中教材中设置了碱金属、卤素、氧族、碳族、氮族元素和几种重要的金属共6章元素化合物内容，占整个教材共21章内容的28.6%。而新课程标准中只在必修化学1中设置了1个主题——"常见无机物及其应用"，占整个内容标准25个主题的4%。教材内容中共编排2章，占整个教材31章的6.5%。内容呈现不再以族的序列，而是以物质分类的方式来编排。教材相对集中地将金属元素及其化合物、非金属元素及其化合物分别编排在必修1的三、四章，使内容具有一定的规律性和系统性，便于学生相对系统地认识它们。但是还有一些内容分散在必修和选修的其他章节中，有待我们去挖掘分析。

案例1：钠及其化合物的内容编排分析

在新课程标准中有关钠及其化合物的内容标准描述很简约（见表1），对比原教学大纲对钠及其化合物的内容要求，可以发现其实两者的本质都是"了解钠及其化合物的主要性质及其应用"，只不过一个简明扼要、一个具体详细。

所以可以说，新课程标准对钠及其化合物的要求是"简约而不简单"。而且新课程标准"以物质组成、结构和反应为主线"的设计思路，决定了元素及其化合物的内容作为必修内容的重要性，因为科学方法、概念和原理的教学、知识和能力的运用等都需要元素化合物作为载体。

表1　钠及其化合物内容要求对比分析

新课程标准	了解常见金属（如Na、Al、Fe、Cu等）及其重要化合物的主要性质及其应用
全日制普通高中化学教学大纲	了解钠的物理性质，掌握钠的化学性质（跟氧气、水反应），了解钠的重要化合物（如过氧化钠、碳酸钠、碳酸氢钠）（注：氧化钠、氢氧化钠、氯化钠安排在初中）

在教材必修1第三章"金属及其化合物"中设置三节内容。第一节金属的化学性质：以钠、铝、铁等和氧气、水、氢氧化钠的反应呈现金属单质的化学性质，第二节几种重要的金属化合物：以氧化钙、氧化镁、氧化铝、氧化铁和氧化铜的性质和用途等呈现氧化物的主要性质和应用，以氢氧化铁、氢氧化亚铁、氢氧化铝等呈现氢氧化物的主要性质和应用，以碳酸钠、碳酸氢钠、铁盐、亚铁盐、焰色反应等呈现盐的主要性质和应用。第三节用途广泛的金属材料：以铜合金、钢、正确选用金属材料等形式呈现金属材料。可以发现在"钠及其化合物"内容中只有17个知识点编排在第三章，对比挖掘分析教材发现整个必修教材中涉及钠及其化合物的内容共有32个知识点，在第三章中比例只占53.1%。若考虑其他教材还有8个相关知识点，这个比例还要低（见表2）。再和旧教材中涉及钠及其化合物的内容相比，可以说知识点相差无几，只不过新教材中将它"化整为零"分散到各章节中去了而已。

表2　钠及其化合物知识点在必修教材中的分布情况

	Na	Na_2O	Na_2O_2	NaOH	Na_2CO_3	$NaHCO_3$	NaCl	合计
第三章	4	1	2	4	3	3		17
其他章节	3			7	1		4	15
其他教材	1			3	2	1	1	8
小计	8	1	2	14	6	4	5	40

通过以上内容标准和教材编排的对比分析，建议在"金属及其化合物"的教学中，首先要按照必修化学1的内容要求，以单质、化合物的物质分类为线索，以金属与氧气、水、氢氧化钠的反应的实验探究为方法，以离子反应、氧化还原反应等概念为基础，以将金属单质、化合物知识落实到实际的应用中为整体思路，来设计教学过程，以完成作为必修内容核心的基础知识的教学。对于在必修教材中其他章节或其他教材中出现的知识点，也可按上述思路，在课时允许的范围内来进行补充教学的设计，以完成作为必修内容的拓展知识的教学。建议不再独立地分成钠及其化合物、铝及其化合物、铁及其化合物等单元进行课堂教学的设计，但可在本章结尾的"归纳和整理"栏目的教学中去完善上述单元知识的归纳和整理，以保证学生较完整、系统地掌握和记忆元素化合物的知识内容，为后续的进一步学习需求奠定良好的基础。

（3）妥善处理不同模块中的相同内容，搞好必修教材中其他章节的教学

根据必修模块和选修模块的层次发展关系不难发现，必修模块2中的"物质结构""元素周期律""化学反应与能量""有机化合物"等主题章节分别对应的是选修3"物质结构与性质"、选修4"化学反应原理"、选修5"有机化合物"，而这些相应章节中有许多的内容是相同的。例如：甲烷、乙烯、苯、乙醇、乙酸、糖类、油脂、蛋白质等有机化合物在必修2第三章《有机化合物》和选修5《有机化学基础》中都出现了。

对于这些教材中相同的内容出现在不同模块中的情况的处理，建议首先要充分认识必修、选修模块的功能定位，清楚不同模块中的相同内容所针对的学生对象不同，其教学价值与教学目标也不同。其次要理清必修教材和选修教材之间的逻辑线索，处理好必修和选修内容的分层和递进关系，以实现必修内容和选修内容的螺旋式上升。最后要设计多样化的必修和选修内容衔接，避免教学上的简单重复。特别要注意的是，教学过程中要防止受传统教学思维定式的影响随意增减内容，甚至按旧教材的体系将必修、选修内容一步到位，实行"一竿子插到底"的教学。

下面以必修2第四章第二节"生活中两种常见的有机物"和选修5第三章第一节"醇 酚"中的乙醇为例（见表3、表4）进行具体分析。

案例2：乙醇教学内容标准及教材呈现比对分析

表3 乙醇在必修和选修模块中内容标准和活动探究对比

	内容标准	活动与建议
必修	知道乙醇的组成和主要化学性质，认识其在日常生活的应用	实验探究：乙醇的主要化学性质
选修	认识醇的典型代表物的组成和结构特点，知道它们的转化关系	通过苯、乙醇、苯酚的性质比较说明有机物分子中基团之间的相互影响 实验：乙醇的酯化

表4 乙醇在必修和选修教材的内容呈现形式对比

	知识内容及呈现方式、栏目	
章节标题	生活中两种常见的有机物	醇 酚
概念	衍生物、官能团（正文描述）	醇和酚的概念（正文描述） 有机氧化、还原反应（资料卡片）
组成、结构、分类、命名及物理性质	乙醇的组成和结构（正文描述） 乙醇的物理性质（正文描述）	醇的分类（正文描述） 醇的命名（资料卡片） 有机物结构与沸点的关系（思考与交流） 醇的结构与沸点（学与问）
化学性质	与钠的反应（实验）	与钠的反应（报道分析）（思考与交流）
		消去反应（实验） 脱水反应（生成乙醚）（资料卡片） 取代反应（正文描述）
	氧化反应（燃烧）（正文描述） 氧化反应（催化氧化）（实验） 氧化反应（酸性高锰酸钾或重铬酸钾）（资料卡片）	氧化反应（学与问：催化氧化） 与酸性重铬酸钾反应（实验）

必修内容中的乙醇安排在"生活中两种常见的有机物"节标题下，这时的乙醇是学生接触的第一种烃的衍生物，教学中在目标定位上，要考虑学生还没有足够的衍生物知识，教学设计不能以官能团为概念线索来组织，也不能以从"结构到性质"的逻辑顺序来组织，而应该加强与生活的联系，通过生活经验

的探究和实验探究奠定学生对乙醇的感性认识，以增强学生对乙醇知识内容的感性认识为主要目标。

选修内容的乙醇在安排在"醇 酚"节标题下，此时的学生是在化学上有进一步发展愿望的高二理科生，因此学习的目标特别是知识和技能目标要比必修课时目标高，才能符合学生的认知需要和发展需要。教材的呈现形式具有一定的收敛性，相对于必修中的乙醇，选修中的乙醇在注意与人类生活、科技进步和社会发展保持联系的前提下，知识的逻辑性和系统性相对增强，体系也较为完整。同时选修模块的探究立足于乙醇结构的问题探究，强化"结构决定性质"学科观念，以增强学生对乙醇知识内容的理性认识为主要目标。

通过对比发现，必修、选修相同的知识内容要求不同。例如，都有乙醇的物理性质，必修中是低级的描述性认知学习要求，选修中的沸点与结构之间的关系则是高级的理解归纳性认知学习要求。再例如都有钠与水的反应，必修是通过实验探究来感性认识钠与水的反应，选修则是通过问题探究来应用钠与水的反应。显然选修内容教学绝不是简单重复，而应该是螺旋上升，分层递进。当然选修中还有如消去、取代、脱水等内容，在必修教学中也没有必要将它们一步到位地进行教学。

三、合理安排教学时间，严格把握各学段的教学内容进度

鉴于其他先行试验的省市在必修模块的教学中，存在按旧教材体系将必修和选修一步到位的教学安排，造成教学课时严重不足；或者用9周时间完成新课标规定的需要一学期36课时才能完成的必修1和必修2，以便为选修内容的教学和高三复习教学留下较多的时间，结果造成学生在没有熟悉高中生活、学习方式以及教师教学方法的情况下，就匆匆忙忙地学完作为化学最基础和最核心的知识；或者物理和化学两个学科的必修课程，在一学期两个学段各排一个学段分别实施，造成学生长时间不接触化学学科的教学造成知识的遗忘，失去学习的兴趣，为选修内容的学习埋下隐患等现象。建议化学新课程实施过程中尽量避免不合理的教学课时安排，参照省市相关规定慎重安排各学段的教学时间和进度，以保证新课程的有效顺利实施。同时要灵活处理必修内容拓展教学的课

时需要，建议在必修模块化学1的教学过程中，第一、二两章可参照四川省化学新课程实施教学建议的课时（每周2节、每节45分钟）安排进行（见表5）。

表5　人教版必修化学1总体教学规划

章	节	课时数
第一章 从实验学化学	第一节　化学实验基本方法	3课时
	第二节　化学计量在实验中的应用	3课时
	复习巩固与测评	2课时
第二章 化学物质及其变化	第一节　物质的分类	2课时
	第二节　离子反应	2课时
	第三节　氧化还原反应	2课时
	复习巩固与测评	2课时
第三章 金属及其化合物	第一节　金属的化学性质	2课时
	第二节　几种重要的金属化合物	3课时
	第三节　用途广泛的金属材料	1课时
	复习巩固与测评	2课时
第四章 非金属及其化合物	第一节　无机非金属材料的主角——硅	2课时
	第二节　富集在海水中的元素——氯	2课时
	第三节　硫和氮的氧化物	2课时
	第四节　硫酸、硝酸和氨	2课时
	复习巩固与测评	2课时
模块测试		2课时

但第三、四两章的教学应该适当增加教学时间，以确保元素化合物知识基础内容教学的有效性和拓展内容教学的必要性。鉴于各地市教学具体情况的不同，课时安排的形式和节数也不同，以成都市的情况（每周3节，每节40分钟）为例，建议多出的时间安排在第三、四两章的教学。

参考文献:

［1］中华人民共和国教育部.普通高中化学课程标准（实验）［M］.北
京：人民教育出版社，2004.

［2］宋心琦.普通高中课程标准实验教科书：化学1（必修）［M］.第2版.
北京：人民教育出版社，2006.

高中化学作业设计中的系统思维
应用实践研究

——以人教版《滴定过程中溶液离子浓度的大小比较问题》为例

　　新课程的理念要求人们关注学生作为"整体人"的发展。故新课程的实施应在学生认知形成的建构过程中，充分体现以学生发展为本的教育理念，全面提高学生的核心素养。怎样在教学的每一个环节中有效地发展学生的核心素养呢？任何一个学科的知识体系，都是由事实性知识、理论原理性知识和学科观念性知识构成的。学科观念凝聚着学科思想的精华，高中化学系统思维就是化学学科的一种重要的学科观念。思维模式的优化进步将推动学习模式的优化进步，其中引导学生发展化学学科系统思维，有助于建立更加科学高效的学习模式。具体到教学的实施环节中，高三复习过程中学生面临作业数量偏多、负担较重、内容重复且系统性不强的问题。新的教育大背景希望提高作业的有效性，而合理、优质的有效作业，再融合以化学系统思维的养成为主要目的的设计，应该能减轻学生的学习负担，揭示化学知识深层规律，提高学生的学习效率，同时学生的化学系统思维也能得到充分的发展。因此，如何将化学系统思维融入作业设计中，应当是值得探究和亟待解决的问题。

一、高中化学作业设计中系统思维应用的原则

1. 整体性原则

系统思维方法的基本原则是整体性，所以系统思维也是整体思维，其核心思想反映在整体原则中，既任何系统只有通过相互联系形成整体结构才能发挥整体功能。科学研究表明，任何系统的整体功能都优于各部分功能的综合。因此在作业设计的过程中融入化学系统思维，可以让学生认识到某一个具体知识点所处的整体系统，从整体的角度去学习知识，促使其建立更加科学的认知体系，建构完整的系统思维，从宏观的角度认识化学学科。

2. 对比性原则

化学学科主要由物质的基本性质、基本规律、研究物质的基本方法组成，学科的特点是"多样化"，不同的物质都有"相似性"和"差异性"的一面。有些知识之间看似没有联系，但是其实不然，每一个知识点都参与形成一个完整的系统，有着这样那样的潜在联系，所以在有效作业的设计过程中，选用对比练习，能帮助学生更好地揭示知识的内在联系，同时能帮助学生进行有效的思维迁移，提升对本质的认知能力，建立高效的化学学科系统思维。

3. 开放性原则

学生认知形成的建构过程应该是主动的，这样可充分激发学生学习的主动性，让学生主动参与到学习中。因此有效的作业设计需要有开放性，不同的个体有不同的途径和看法，要给学生的思维发展"留白"，让学生在有效的作业中去总结归纳处理一类问题的方法，提升理解的层次和思维的深度，这样才能真正地发展化学学科系统思维。

4. 发展性原则

高中新课程的培养目标以学生终身发展为本，这些培养目标要落实到作业这一教学环节上，仅靠传统的作业明显是不够的。要关注学生的终身发展，就要在进行作业设计时，切实关注学生的认知规律，注重学生知识体系的建构，注重学生创新精神和实践能力的发展，关注学生人文素养的培养。有效作业应着眼于培养和发展学生的科学思维能力与学科基本观念，为学生在以后的生活

中树立科学的世界观和方法论奠定基础。

二、高中化学作业设计中系统思维应用的实践研究

以人教版高三二轮复习《滴定过程中溶液离子浓度的大小比较问题》为例，滴定是高中重要的定量实验，电解质溶液中离子浓度的大小关系也是高考的重难点所在，在滴定的动态变化过程中溶液中的电解质离子浓度会发生一系列的变化，将这两个问题融合练习有助于学生化学系统思维的建立和发展。从滴定实验的视角看变化，体现了整体性的原则，学生通过建模读坐标系的"轴""线""点"，整体地看电解质溶液的变化，首先从观察坐标含义这个系统思维的起点，到曲线的斜率认识背后的化学含义，再细致到"起始点""一半点""中和点""中性点"等特殊点的分析方法，建立化学学科"量"的系统思维。

习题设计及分析：

习题1：

室温下，用 $0.1\ mol\cdot L^{-1}$ NaOH溶液分别滴定体积均为 20 mL、浓度均为 $0.1\ mol\cdot L^{-1}$ 的HCl溶液和HX溶液，溶液的pH随加入NaOH溶液体积的变化如图1。

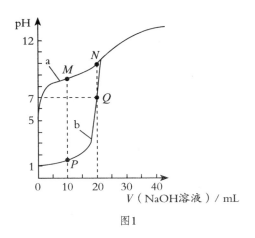

图1

请回答下列问题：

（1）$0.1\ mol\cdot L^{-1}$ NaOH溶液滴定 $0.1\ mol\cdot L^{-1}$ 的HCl溶液是图1中的曲线_____（填"a"或"b"），且HX为_____（填"强酸"或"弱酸"）。

（2）b曲线中Q点溶液中离子浓度从大到小的顺序是＿＿＿＿＿＿＿＿＿；
a曲线中N点溶液中离子浓度从大到小的顺序是＿＿＿＿＿＿＿＿＿。

（3）b曲线中P点溶液中离子浓度从大到小的顺序是＿＿＿＿＿＿＿＿＿；
a曲线中M点的溶质是＿＿＿＿＿＿＿＿＿＿，溶液中离子浓度从大到小的顺序是＿＿＿＿＿＿＿＿。

（4）向N点的溶液中通入HCl至pH＝7，请比较溶液中下列微粒浓度大小，$c(Na^+)$、$c(X^-)$、$c(Cl^-)$、$c(HX)$：＿＿＿＿＿＿＿＿＿＿＿＿。

习题1设计分析：

该题特意设计了酸碱中和滴定中最具代表性的两个例子，并且将滴定曲线放入一个坐标系中便于学生对比性练习，体现作业设计的对比性原则，是为了让学生在对比中找到"强酸和弱酸""强酸强碱盐和弱酸强碱盐"的核心差异，并应用这种差异性分析电解质溶液离子浓度的大小，帮助学生建构化学学科系统思维。选择一个强碱滴定极弱酸的案例也是为了抵抗高三学生的定式思维，培养学生一切从客观事实出发，具体问题具体分析的能力。第（4）小问引导学生利用守恒思想解决问题，体现了发展性的设计原则，利于学生化学学科系统思维的发展。

习题2：

298 K时，向20.0 mL 0.10 mol·L^{-1} H$_2$A溶液中滴加0.10 mol·L^{-1} NaOH溶液，滴定曲线如图2所示。请回答下列问题：

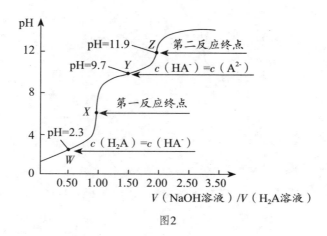

图2

（1）第一次反应终点应选择_____作指示剂，第二次反应终点应选择_____作指示剂。

（2）W点到X点发生的主要反应的离子方程式为_____，X点的溶质是_____，溶液中离子浓度从大到小的顺序是_____。

（3）Y点到Z点发生的主要反应的离子方程式为_____，Z点的溶质是_____，溶液中离子浓度从大到小的顺序是_____。

（4）W点的溶质是_____，存在的平衡有_____（请书写平衡方程式），溶液中离子浓度从大到小的顺序是_____。

（5）Y点的溶质是_____，存在的平衡有_____（请书写平衡方程式），溶液中离子浓度从大到小的顺序是_____。

习题2设计分析：

联系习题1，在习题2中进一步对比用强碱滴定二元弱酸，利用设问辅助学生思维建模，还是从滴定实验的整体对比联系四个典型的特殊点，X点（恰好生成酸式盐）和Z点（恰好生成正盐）、W点和Y点的对比练习，有助于学生形成系统思维模式。（2）（3）小问中离子反应的分析有助于学生从化学反应的观念去看溶质的变化，这些都是学科的重要思维。

习题3：

向20.00 mL的0.1000 mol / L（NH$_4$）$_2$SO$_4$溶液中逐滴加入0.2000 mol / LNaOH溶液V mL，（NH$_4$）$_2$SO$_4$溶液的pH变化如图3所示。

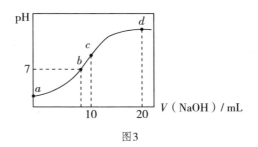

图3

（1）请同学完成对上述*a*点对应溶液的分析，并按照要求完成下列表格：

*a*点离子浓度由大到小的顺序	分析过程（溶液的溶质是什么？计算溶质的物质的量）；存在的平衡有哪些？（书写平衡方程式）

（2）请同学完成对上述*b*点对应溶液的分析，并按照要求完成下列表格：

*b*点离子浓度由大到小的顺序	分析过程（溶液的溶质是什么？计算溶质的物质的量）；存在的平衡有哪些？（书写平衡方程式）

（3）请同学完成对上述*c*点对应溶液的分析，并按照要求完成下列表格：

*c*点离子浓度由大到小的顺序	分析过程（溶液的溶质是什么？计算溶质的物质的量）；存在的平衡有哪些？（书写平衡方程式）

（4）请同学完成对上述*d*点对应溶液的分析，并按照要求完成下列表格：

*d*点离子浓度由大到小的顺序	分析过程（溶液的溶质是什么？计算溶质的物质的量）；存在的平衡有哪些？（书写平衡方程式）

习题3设计分析：

延续前面的习题设计强碱滴定弱碱盐，在对比练习中总结升华方法，在变化中把前面形成的系统思维进一步应用实践，电解质溶液溶质更加复杂，"量"的观念要求进一步提高，在过程中给学生留有更多开放式问题，守恒思想解决"中性点"的方法进一步建立，让学生主动梳理解题思路，发展学生的学科系统思维能力。

总体来说，三个习题，三种对比，有整体有开放有发展，既有基础的练习和难点的突破，又把化学系统思维融入作业设计中，改变了作业内容重复且系统性不强的问题，能切实提高学生的学习效率，这样有效的作业能帮助学生抓住关键性知识，形成清晰的知识结构。

事实上，不仅仅是作业的设计，化学学科教学的方方面面都需要应用学科系统思维的方法。教师应该积极研究怎样用好学科系统思维，积极引导学生正确使用学科系统思维，这样才能有效地促进学生学科系统思维的发展，也能使教与学提升到更高的水平，有效地发展学生的核心素养。

参考文献：

［1］朱亚萍，王后雄，彭慧.高中化学有效作业的标准及其设计策略［J］.
　　中学化学教学参考，2011（5）：17-19.

［2］夏淑冰.系统思维在高中化学教学中的应用［J］.中学教学参考，
　　2017（8）：91.

［3］李燕维.浅谈高中生化学系统化思维的建立方式［J］.新课程研究，
　　2015（8）：120-121.

基于化学学科能力培养的高三化学专题
复习"活动元"教学设计与实施

  化学学科能力是化学学科素养的重要组成和内容，化学学科核心素养的具体内容包括化学学科的核心观念、学科的关键能力、学科的重要品格。化学学科核心素养是学生发展核心素养的重要组成部分，是学生综合素质的具体体现，反映了社会主义核心价值观下化学学科育人的基本要求，全面展现了化学课程学习对学生未来发展的重要价值。化学学科能力作为化学学科素养的重要组成和内容，在化学学科的教学特别是高考复习教学中，有着重要的地位和作用，它直接影响学生的学习能力和水平。

  活动元教学是一种以学生为主体、活动为主线、教师为主导的教学理念和教学形态。活动元教学契合新课程的理念，有利于化学学科素养的培养，有利于化学学科能力的提高。

  新课程实施以来，在《四川省新课程高中化学教学实施建议》的要求下，成都市教科院化学学科组组织高中老师进行活动元的教学设计和实践，并通过2017年成都市重点规划课题"高中化学活动元教学策略研究"进行研究。通过几年的实施，大家在理念上认同、行动上跟进，在实际的教学过程中进行了大量的探索与实践，形成了许多好的经验和做法。本文是金牛区2018年高三化学复习教学过程中，基于活动元教学设计实践，结合化学学科能力的培养，进行的专题复习教学研究的一些具体的做法。

一、化学学科能力概述

我国化学教育领域的专家和学者通过对化学学科能力的研究认为：化学学科能力主要包括接受、吸收、整合化学信息的能力，分析和解决化学问题的能力，化学实验与探究的能力，以及化学观察能力、化学实验能力、化学抽象能力、化学微观想象能力、化学自学能力、化学应用和创造能力等。

基于学习理解、应用实践、迁移创新的化学学科能力的研究认为，化学学科能力可分为化学的学科理解能力、化学的应用实践能力和化学的迁移创新能力。化学的学科理解能力是指学生顺利进行知识和经验的输入和加工活动的能力，具体能力要素包括辨识和记忆、概括和关联、说明和论证等。化学的应用实践能力是指学生能够进行知识经验的简单输出活动，完成特定学科活动以及应用学科核心知识经验分析和解决实际问题的能力，具体包括分析和解释、预测与推论、选择并设计问题解决方案等能力要素。化学的迁移创新能力是指学生利用学科核心知识、活动经验等，解决陌生和高度不确定性问题以及发现新知识和新方法的能力，具体包括复杂推理、系统探究、创新思维（发散思维、想象、创意设计、批判思考、远联系发现）等能力要素。

二、活动元教学设计理念简介

傅兴春老师提出："活动元是指在教学中为完成某个学习任务中的一个或几个任务而进行的相对独立的学习活动。""活动"是学生的活动，"元"是课堂教学过程中，学生活动的一个元素或一个环节。每个活动必须是一个相对独立的整体，是学生认知的一个组成部分。

活动元教学强调以学生为中心，以学习任务为背景来进行。每个学习活动元应包括活动的引发、展开与深化、总结与升华等环节，通过情境创设和问题引领，创造学生主动参与学习活动的条件和环境。针对每一个课时的设计，教师要根据课时学习目标，把课时学习的内容分解成若干个活动元，教师要把握好每个学习活动元与具体学习目标的关系，注意不同学习活动元之间的联系，使不同学习活动元有机整合。

三、高三化学专题复习中的活动元教学设计

高三化学复习备考的过程中，一般采用三轮复习的方法和进度安排，以成都市金牛区2018年高考化学复习安排为例。第一轮复习为全面复习阶段（2017年9月—2018年1月底），复习目标为细读教材、夯实基础，构建网络、形成体系；第二轮复习为综合提高阶段（2018年2月—3月底），复习目标为紧扣考纲、整合专题，突出主干、提升能力；第三轮复习为强化模拟阶段（2018年4月—5月底），复习目标为精读教材、查漏补缺、强化规范、优化心理。

基于以上认识，我们认为高三化学专题复习的最终目的就是提升学生的化学学科能力。如何结合活动元的教学设计理念进行教学设计和实施，提高区域内学校高考化学复习的课堂复习教学效率，提高学科教师特别是高三化学教师的学科教学水平，并提高学生的化学学科能力，是本研究的最终目的。

1. 研究考纲、确定专题，细化培养学科能力的内容

高考化学专题复习过程中，我们根据2018年全国考试大纲和考试说明的考点内容，在成都一诊考试及各学校基本完成一轮复习的基础上，召开二轮专题复习的研讨会，通过研究近年来高考全国卷的试题特点和命题趋势，拟定了"化学与生活""阿伏伽德罗常数""有机化学基础""物质结构与元素周期律""溶液中的离子平衡""电化学原理及运用""化学实验基础""无机化工流程""反应原理综合"等知识内容专题和常考题型专题。例如，2017年11月28日，在成都十八中进行了"化学实验基础"专题复习研究课和研讨活动。2017年12月26日，在成都二十中进行了"阿伏伽德罗常数"专题复习研究课，2018年3月4日，开学伊始，结合一诊考试中学生失分严重的"化学与生活"选择题，进行了"化学与STSE"专题复习研究课和研讨活动。2018年4月10日，针对学生在化工流程题中的问题，在成都七中万达学校进行了"化工流程题"专题复习研究课和研讨活动。这些研究课都采用了"活动元"的教学设计。教师和学生通过对高考考纲的研读、试题的分析以后，确定出复习的专题内容。活动元的教学设计中一般都有学生自主进行考点归纳总结的活动元（见教学案

例1），这样的活动设计能将一个专题进行分解，培养学生知识的概括和关联能力。

教学案例1： "阿伏伽德罗常数"专题复习活动元教学设计

表1　活动二：归纳总结的阿伏伽德罗常数考点的思维导图

活动环节	活动任务	活动内容和小结
5 min 归纳考点	反思交流	1. 上述试题选项中有哪些考点是相同的？ 例如：2B和7C 2. 归纳总结的阿伏伽德罗常数考点的思维导图：

2. 盯住目标、搭建框架，聚焦学科能力的要求和水平

高考化学专题复习过程中，教学目标的确定普遍存在着重教学内容、轻学科能力，重课程目标、轻课时目标的现象。怎样确定合适的、易操作的教学目标呢？在活动元的教学设计中，我们根据专题复习的内容，确定专题复习的活动目标。例如，在"溶液中的离子平衡图像教学设计"专题复习的教学设计中，我们拟定了如下的活动目标（见教学案例2）。这样的目标设计主要针对近年来高考全国卷中有关溶液中离子平衡的新的坐标物理量的出现，需要学生建立应对新信息的解题模型和方法，知道高考新旧题型之间的内在联系和逻辑关系，学会判断不同物理量之间关系的变化趋势和大小，最终提升解决离子平衡图像这类陌生和高度不确定性问题以及发现新知识和新方法的能力。

教学案例2："溶液中的离子平衡图像"专题复习活动元教学设计

【复习目标】

（1）通过知识归纳、考点，建立解题模型和方法

（2）通过试题感悟，知道高考考查的内容和题型

（3）通过当堂训练，巩固提升化学学科能力

【复习重难点】

图像分析及解题模型建立

【复习过程】

表2　活动一：通过知识归纳、考点，建立解题模型和方法

活动形式	活动内容及小结		
知识归纳	1. 粒子浓度比较分类	单一溶液	一元弱酸（碱）：_____
			二（多）元弱酸：_____
			可水解的盐：_____
		混合溶液	强酸（碱）＋弱碱（酸）：_____
			强酸＋强酸：_____
			强酸（碱）＋盐：_____
			弱酸（碱）＋盐：_____
	2. 粒子浓度图像量分类	浓度：$c(H^+)$、$c(A^-)$ ［或$c(M^+)$、$c(OH^-)$］或导电能力	
		浓度负对数：pH、pOH、	
		浓度对数：$\lg c(A^-)$ 或 $\lg c(M^+)$	
		浓度对数比（酸度）：$AG = \lg[c(H^+)/c(OH^-)]$	
		粒子分数：$n\%$或$\delta\%$	
		溶液体积：V	
		溶液体积的对数（或对数比）：$\lg V$［或$\lg(V_1/V_0)$］	
	3. 实例分析 （1）向10 mL 0.1 mol/L HAc溶液中逐滴加入0.1 mol/L的NaOH溶液。		

续 表

活动形式	活动内容及小结			
模型构建	V（NaOH）	溶质成分	粒子浓度	pH
	0			
	5 mL			
	5 mL＜ V ＜10 mL			
	10 mL			
	V ＞10 mL			
	V ＞＞10 mL			
	V ＝∞			
	（2）画出上述过程对应的图像			

3. 提出问题、设计活动，拓宽提升学科能力的途径

在专题复习过程中，不少老师感觉经过一轮复习后，该讲的知识内容也讲了，该练的也练习了，但学生的学科能力还是没有较大的提高，复习的效果也不明显。其主要原因是学生在一轮复习中多是重复以前学过的知识，还没来得及进行知识的归纳总结、整合升华，所以还没有形成学科能力。

"活动元"的教学设计以学生为主体、活动为主线、教师为主导，这是活动元教学的基本理念。在高三专题复习过程中，教学的设计始终要以学生为主体，学生的活动可以是阅读、观察、实验、讨论交流、填写学案、自我检测、自评或互评等，甚至还可以是学生参与试题的自主命制。例如，在"化工流程"专题复习活动元教学设计中（见教学案例3），学生通过自主地根据信息模拟书写设计化工流程、设计化工流程题的设问，通过形式多样的自主活动拓宽提升学科能力的途径。

教学案例3："化工流程"专题复习活动元教学设计

表3　活动二：建立化工流程模型，归纳解题涉及的知识考点

活动环节	活动形式	活动内容及结果
20 min	模型构建	一、模型建构
		1. 认识流程
		2. 流程分类
		3. 流程总结
		4. 真题解读
		二、归纳考点——操作、条件和反应总结
		1. 原料处理
		2. 核心反应条件的选择与控制
		3. 核心反应式的书写
	知识归纳	4. 产品精制
		三、模型运用
		1. 模仿书写流程
		2. 模仿设问
		3. 考点拓展

再例如，在"有机化学基础"专题复习活动元教学设计中（见教学案例4），也有一个让学生自主命制试题的活动设计，让学生能以命题人的视角来体会并感悟试题考查的学科能力。

教学案例4："有机化学基础"专题复习活动元教学设计

表4　活动四：高考试题我来编

活动环节	活动形式	活动内容及结果
5 min	小组合作命制选择题	1. 同分异构体数目的判断（提示：编题时想好你们想考查的是哪一种同分异构体的判断方法） 化合物X 2. 请根据右图所示结构命制一道有关物质性质和化学反应的题

4.监控认知、实时反馈，监测学科能力的发展水平

教、学、评一体化，有效实施教学的日常评价是促进学生学科能力形成的关键环节，每一个高考专题复习的活动元教学设计，都应包含一个当堂的检测评价活动设计。例如，在"阿伏伽德罗常数"专题复习过程中（见教学案例5），我们设计了以判断正误和计算填空为主的课堂检测评价活动元，通过检测评价活动的实施来监测学生学科能力的发展水平。

教学案例5："阿伏伽德罗常数"专题复习活动元教学设计

表5　活动三：检测评价练习提升

活动环节	活动任务	活动内容和小结
15 min	检测评价 练习提升	一、判断下列说法是否正确（用"√"或"×"在括号中表示正确或错误） 1. 常温常压下，1 mol氦气所含原子数为N_A（　　　） 2. 标准状况下，33.6 L氟化氢中含有氟原子的数目为$1.5N_A$（　　　） 3. 标准状况下，1 L辛烷完全燃烧生成$CO_2$8 L（　　　） 4. 1 mol-OH中所含电子数为9 N_A（　　　） 5. 1 molCH_3^+所含的电子数为8 N_A（　　　） 6. 78 g苯含有$C=C$双键的数目为$3N_A$（　　　） 7. 常温常压下，4.4 g乙醛所含σ键数目为$0.7N_A$（　　　） 8. 0.1 mol丙烯酸中含有双键的数目为$0.1N_A$（　　　） 9. 6.4 gCaC_2中含有的离子总数目为$0.3N_A$（　　　） 10. t ℃ 1 L pH＝6的纯水中含$10^{-6}N_A$个OH^-（　　　） 11. 1L 1mol·L^{-1}pH＝5的氯化铵溶液中，水电离的氢离子数为$10^{-5}N_A$（　　　） 12. 10 g 46%的乙醇水溶液中所含H原子数为$0.6N_A$（　　　） 13. 3.4 g H_2O_2完全分解转移电子$0.2N_A$（　　　） 14. 2.4 g Mg无论与O_2还是与N_2完全反应，转移电子数都是$0.2N_A$（　　　） 15. 5.6 g Fe与Cl_2完全反应，转移电子数为$0.2N_A$（　　　） 16. 56 g铁片投入足量浓H_2SO_4中生成$1N_A$个SO_2分子（　　　） 17. 过量的Fe粉加入稀硝酸中，当溶解5.6 g时转移的电子数为$0.3N_A$（　　　） 18. 6.4 g Cu与足量的硫反应，转移电子数为$0.2N_A$（　　　）

续 表

活动环节	活动任务	活动内容和小结
15 min	检测评价 练习提升	19. 标准状况下，2.24 L Cl_2 与氢氧化钠完全反应转移电子数为 $0.2N_A$（　　　） 20. 电解精炼铜时，若阴极得到电子数为 $2N_A$ 个，则阳极质量减少64 g（　　　） 二、通过计算，填下列空格 1. 50 mL 12 mol / L 盐酸与足量 MnO_2 共热，转移的电子数为＿＿＿ N_A 2. $5NH_4NO_3 \xlongequal{} 2HNO_3 + 4N_2\uparrow + 9H_2O$ 反应中，生成28 g N_2 时，转移的电子数目为＿＿＿ N_A 3. 反应 $KIO_3 + 6HI \xlongequal{} KI + 3H_2O + 3I_2$ 中，生成1 mol I_2 转移电子的总数为＿＿＿ N_A 4. 氢氧燃料电池正极消耗22.4 L气体时，电路中通过的电子数目为＿＿＿ N_A 5. 50 mL 18.4 mol·L^{-1} 浓硫酸与足量铜微热反应，生成 SO_2 分子的数目为＿＿＿ N_A 6. 一定条件下，定容容器中充入3 mol H_2（g）和1 mol N_2（g）发生反应： $3H_2$（g）$+ N_2$（g）$\rightleftharpoons 2NH_3$（g）$\Delta H = -Q$ kJ / mol，当该反应放出0.25Q kJ的热量时，容器中的氢分子数共有＿＿＿ N_A 7. 1 mol苯和苯甲酸的混合物完全燃烧时消耗 O_2 的分子数为＿＿＿ N_A 8. 在一定条件下，某密闭容器盛有0.1 mol N_2 和0.3 mol H_2；充分反应后体系压强变为原来的3/4，形成的N—H键数目为＿＿＿ N_A 9. 31 g白磷晶体中共价键的数目为＿＿＿ N_A 10. 12 g金刚石中含有的共价键数为＿＿＿ N_A

　　成都市金牛区各高中学校在2018年的高考中又取得了优异的成绩。反思2018年高考化学专题复习"活动元"的教学设计与实施的过程，我们认为化学学科能力培养的关键在于转变教学理念，要将以"具体的知识落实"为本的高考复习教学转变成以"促进学生认识发展"为本的高考复习教学。而"活动元"的教学设计理念，不仅能促进学生理解和获取学科的知识，更有助于细化学科能力水平、精准地聚焦能力目标、拓宽能力培养的途径、及时反馈和检测

能力水平，从而实现学科能力的提升，促进学生学科素养的提高。

参考文献：

［1］中华人民共和国教育部.普通高中化学课程标准（2017年版）［M］.

北京：人民教育出版社，2017.

［2］王磊，支瑶.化学学科能力及其表现研究［J］.教育学报，2016

（4）：46-56.

［3］傅兴春.活动元教学［J］.宁夏教育，2006（12）：71.

高中化学课程标准理念下化学研究性
学习课题的开展

笔者在成都市第二十中学校工作期间，承担了四川省教育厅普教科研资助金项目重点科研课题《"研究性学习"课程研究》和中国教育学会"十五"规化课题《中学化学研究性学习课程研究》，在课题的研究过程中，我们及时地学习体会了《普通高中化学课程标准（实验）》（以下简称《课标》），确保我们的课题研究始终有最新的教育、教学理论作基础，具有和国家基础教育课程改革相同的理念。

一、《课标》的基本理念的解读和体会

1.《课标》的基本内容

《课标》包括四大部分，第一部分：前言，其中包括课程性质、课程的基本理念、课程设计思路、关于目标要求的说明；第二部分：课程目标，其中包括知识与技能、过程与方法、情感态度与价值观；第三部分：内容标准，其中包括必修课程、选修课程；第四部分：实施建议，其中包括教学建议、评价建议、教科书编写建议、课程资源的开发与利用建议。

2.《课标》理念的解读和体会

在《课标》前言的课程的基本理念部分，我们可体会到这样几点：

第一，在高中化学课程体系的构建、开发和实施方面，《课标》着眼于构建"知识与技能""过程与方法""情感态度与价值观"相融合的高中化学课

程目标体系，设置多样化的化学课程模块，开发课程资源，拓展学生的选择空间，适应学生个性发展的需要。

第二，强调构建人类文化背景下的高中化学课程体系，充分体现化学课程的人文内涵，发挥化学课程对培养学生人文精神的积极作用。

第三，在学习过程和方式上，《课标》强调通过以化学实验为主的多种探究活动，使学生体验科学研究的过程，激发学习化学的兴趣，强化科学探究的意识，促进学习方式的转变，培养学生的创新精神和实践能力，并要求从学生已有的经验和将要经历的社会生活实际出发，帮助学生认识化学与人类生活的密切关系，关注人类面临的与化学相关的社会问题，培养学生的社会责任感、参与意识和决策能力。

第四，在学习及学生的评价方面，《课标》积极倡导学生的自我评价、活动表现评价等多种评价方式，关注学生个性的发展，激励每一个学生走向成功。

第五，在教师自身素质及专业发展方面，《课标》强调为化学教师创造性进行教学和研究活动提供更多的机会。

二、《课标》基本理念下的化学研究性学习课题开展

1. 尊重和满足学生发展的需要，指导学生自主选择化学研究性学习课题

高中生个体差异较大，具有不同的发展潜能。在化学研究性学习课题开展中老师要依据《课标》的理念，指导学生进行课题的选题。一方面老师要鼓励学生根据《课标》的目标和内容要求，以及各自的潜能和兴趣爱好，自主地选择研究性课题。另一方面老师要深入了解学生的学习基础、已有的化学知识水平、能力发展水平，对学生选择的课题进行适当的指导。喜欢动手实验的学生在研究性学习中，多选择以实验为主的研究课题。例如，我校的这类学生选择了"实验室制氯气实验装置的组装探讨""什么样的方法制取氨气最好""喷泉实验的理解及变型的研究"等实验课题。而擅长收集整理分析资料的学生选择了如"温室效应对人类生活的影响""生活中的氧化还原反应""调查常用电池的种类、使用范围、性能和价格，以及电池中的氧化剂和还原剂，调查废旧电池是如何处理的以及回收废旧电池的意义和价值"等调查类课题。而对人

文历史有兴趣的学生则选择了"元素周期表的历史衍变及类型"等化学史类的课题。

在具体操作程序上，我们首先要对《课标》中的"内容标准"进行解读和体会，再根据成都二十中的学生实际情况，做出选题的指导意见。例如在"原电池原理及运用"的教学过程中，我们组织学生开展的化学研究性学习课题的过程，是先学习体会《课标》。《课标》中必修课程化学2主题2"化学反应与能量"内容标准中"活动与探究建议"有：①查阅资料：化学能转变成热能、电能在生产、生活中的应用，②实验：用生活中的材料制作简易的电池，③市场调查：不同种类电池的特点、性能与用途。在《课标》选修课程模块4化学反应原理主题1"化学反应与能量"内容标准中"活动与探究建议"有：①实验探究：电能与化学能的相互转变，②调查市场常见的化学电池的种类，讨论它们的工作原理、生产工艺和回收价值。在此基础上，我们在《课标》的理念下，结合学生及教学的实际，在原电池的教学过程中，还增加设计了①不同金属材料构成原电池的对比研究，②干电池的构造和工作原理，③实验室模拟氢氧燃料电池的实验探讨，④铅蓄电池的构造和工作原理，⑤可充电镉、镍电池的结构及原理的研究等课题，供学生自主选择。通过课题的开展进行化学研究性学习，全班所有的同学都积极参与到几个课题组，分工协作进行开题论证，设计方案，查阅资料、整理资料，设计实验、动手实验到最后完成课题的结题。

2. 充分突出化学实验的优势，有效地开展化学研究性学习课题

化学研究性学习课题的开展，要体现以实验为特征的化学学科特点，化学实验对提升学生的科学素养、激发学生学习化学的兴趣、创设生动活泼的教学情境、帮助学生理解和掌握化学知识和技能，启迪学生的科学思维，训练学生的科学方法，培养学生的科学态度和价值观都有重要的意义。《课标》的基本理念强调以实验探究为手段，改变学生的学习方式，重视学生的学习过程。虽然《课标》没有单独对化学实验提出内容标准，但整个"内容标准"始终建议用实验探究来完成内容的学习，也就是说实验探究是学习过程和方式的主线。因此，在化学研究性学习过程中，只有充分突出化学实验的优势，才能有效地开展化学研究性学习课题。现行教材中的实验分为演示实验、边讲边做实验、学生分组实验、趣味实验、家庭小实验。但学生亲自动手参与的实验比例还是太小，为了多让学生动手参与探究，突出化学实验的优势，我们通过以下三条途径来开展化学研究性学习。

（1）改演示实验为学生探究实验。演示实验一般是"验证性"的，改实验的"验证性"为"探究性"的一般程序是：实验→观察→提出问题→讨论→分析比较→得出结论。例如，在"原电池原理"教学中，我推荐了一个化学研究性学习的课题——"不同的材料构成原电池的对比研究"。课题要求：了解原电池原理及构成原电池的条件，学会判断原电池的正负极、内外电路的电子流动方向。对比不同材料构成的电池的性能差异，学会书写原电池的电极反应式。学生尝试用铁、铜、锌、铝、镁、石墨等电极材料在硫酸、盐酸、硝酸、醋酸、氢氧化钠、氢氧化钾、氨水、氯化钠等不同的溶液中进行实验，对比它们的电流强度和电压，在这个过程中形成原电池的概念，探索原电池的条件。其中在镁和铝与氢氧化钠溶液和铝和铜与浓硝酸构成的两种原电池中，电池的电流方向与其他原电池（活泼金属作负极，不活泼金属作正极）的电流方向相反，激发了学生探究问题的兴趣，在问题得到解决的基础上，学生更进一步理解了负极和正极形成的本质原因及确定方法。

（2）扩充分组实验。分组实验是在老师和教材的内容安排的基础上的学生实验，它主要是让学生运用学过的知识和技能规范地进行实验，以培养学生的实验技能和强化所学到的知识。这类实验以测量性、验证性和应用性为主，要求学生严格遵守操作规程，履行预习、实验（操作）、总结（实验报告）的全过程，这个过程中学生始终处于被动地位。我们在分组实验的基础上对它的实验内容进行扩充，让学生设计实验、搜集资料、动手实验、找出实验结果，来完成分组实验。例如，在高二"氨气的制取和性质"实验中我们提出了"什么样的方法制取氨气最好？"的研究性学习课题，让学生去做。首先学生根据学到的知识，在条件许可的情况下，设计所有的制取氨气的方法，如用氯化铵、硫酸铵、碳酸铵、碳酸氢铵等不同的铵盐和碱石灰、氢氧化钠、氢氧化钾、生石灰等进行实验，或用浓氨水和不同的碱进行实验来制氨气，然后通过产生氨气的速度和体积等方面进行对比得出自己的结论。其中，设计用什么方法测量氨气的体积对学生来说是一个考验。最后，学生设计了用量气装置装四氯化碳或苯来测定氨气的体积的方法。

（3）拓展课外实验。课外实验是在老师的指导下学生利用课外的时间用一些简单易得的器材和试剂完成的实验，或称为"家庭小实验"。这类实验能开发学生的智力，提高学生学习的兴趣及联系实际的能力，是开展化学研究性学习的有效手段。但教材中这类实验还是太少。我们在化学研究性学习课题的开展过程中，主要从如下几个方面来拓展：一是开展课外兴趣小组，二是开放实验室，三是开展校外（家庭）实验，一般经过提出问题、设计研究方案、个体探究、小组讨论、完成实验、做出评价的过程。例如，学生针对市面上出现的特殊颜色的玫瑰花——蓝色妖姬的事例，在"溶液的酸碱性和pH"中的家庭小实验"改变花的颜色"的基础上，提出了"不同的鲜花在酸性和碱性溶液中的颜色"的化学研究性学习课题，在喜爱种花的同学家中，用不同种类的鲜花作实验材料，将鲜花、叶片、果皮研碎，用市售白酒提取液制取指示剂。

3. 通过研究性学习课题开展过程，联系生产和生活实际，拓宽学生的视野

化学科学与生产、生活以及科技的发展有密切的联系，对社会的发展、科技的进步和人类的生活质量的提高有着广泛而深刻的影响。研究性学习作为社会实践活动的一部分，在课题的开展过程中会接触到很多与化学有关的生活问题，老师要注意帮助学生拓宽视野，开阔思路，让他们学会运用化学及其他学科的知识分析解决有关的问题。例如：通过"纳米材料及纳米技术""除了硅，我们还有什么？""生命与DNA"等课题的研究，学生可了解关于纳米材料、计算机技术、生物化学等的最新科技成果，增强学习化学的兴趣，知道化学对社会和科技发展的重要性，拓宽视野。

4. 关注学生化学研究性学习课题开展的全过程，对学生进行多样化、过程性的评价

在《课标》的理念下，化学研究性学习的评价既要促进学生在科学素养各个方面的共同发展，又要有利于学生的个性发展。所以，在化学研究性学习的课题开展过程中，要注意评价目标和评价方式的多元化，同时要注意化学研究性学习课题开展的过程评价，还要注意学生的自我评价。例如，在化学研究性学习的过程管理中，我们设计了学生在研究性学习过程中的自我评价表，用于学生自己、学生之间、课题组及指导老师对学生在研究性学习过程中的评价。这种评价重在参与、重在合作，是一种过程性的评价。再如"蓄电池的原理及运用的研究"课题小组，在没有得到预期的研究成果的情况下，指导老师依然给予了小组成员较高的评价，认为他们虽然没有得出预期的结论，但他们认真地完成了整个研究过程，分析了实验失败的可能原因。

5. 把握不同课程模块的特点，合理选择化学研究性学习的策略和方式

转变学生的学习方式是课程改革的基本要求，也是《课标》的基本理念，教师要在研究性学习过程中引导学生进行自主学习、探究学习和合作学习，帮助学生形成终身学习的意识和能力。研究性学习的过程必须是一个学生自主学习的过程，在学习的过程中没有教师给的现成的知识和经验，学生只有通过自己的主动学习、探究学习和合作学习才能完成目标。我们在化学研究性学习课题的开展过程中，针对文科学生、理科学生及其他不同层次的学生所选不同课题的内容特点，要求学生在课题开展过程中形成自主学习的习惯，形成探究学习的学习方式，并强调在研究过程中注重合作，培养合作精神和意识。

6. 化学研究性学习的过程管理

在化学研究性学习的过程中，我们编制了研究性学习过程管理系列表，共八张，包括表一：化学研究性学习课题选题意向表、表二：化学研究性学习课题申报表、表三：化学研究性学习课题外出申请表、表四：化学研究性学习课题外出活动记载表、表五：化学研究性学习课题表、表六：化学研究性学习课题研讨、实验活动登记表、表七：化学研究性学习课题结题登记表、表八：化学研究性学习课题学生自我评价表，在学生进行化学研究性学习的整个过程中，及时地对自身进行管理。首先，在化学研究性学习选题阶段，我们指导学生侧重于从自身已有的知识经验和将要经历的社会生活实际及将要学习到的化学学科知识点出发选择课题，通过选题意向表的填写及时地了解学生的情况，并进行适当的指导和调整，然后学生开始选题并填写课题申报表。其次，对学生的研讨活动、实验活动、外出调查活动进行统计、审查和指导管理，并填写相应的表格。再次，在化学研究性学习的后期，对学生的课题研究成果进行评价。最后，在学习过程和学生的评价方面，我们设计了化学研究性学习课题学生自我评价表，让学生进行自我评价。

总之，化学研究性学习课题的开展是课程改革过程中的新生事物，是"研究性学习"进一步深入走进中学课程的必然结果，在《课标》的理念下深入地开展化学研究性学习课题是新时期化学教育的发展趋势。当然，在化学研究性学习的课题开展过程中，也还面临着许多矛盾和困惑，甚至于在具体操作中还存在不足或不当做法。例如，所开展的课题和教材内容之间的前后衔接，同学之间的交流互补，同学和老师之间的信息及时反馈等许多问题都有待在课程改革的前进途中进一步思考和探索。

参考文献：

［1］中华人民共和国教育部.普通高中化学课程标准（实验）［M］.北京：人民教育出版社，2003.

［2］霍益萍.研究性学习：实验与探索［M］.上海：上海教育出版社，2002.

［3］成都二十中.研究性学习操作手册［M］.成都：四川教育出版社，2002.

［4］盛焕华，施华.高中化学研究性学习［M］.南京：龙门书局，2003.

开展化学竞赛辅导 拓宽素质教育途径

笔者在四川省成都市双流区棠湖中学工作期间，学校选手曾在全国高中化学竞赛（四川赛区）中获得了优异成绩，其中，二等奖1名，三等奖2名，市级奖10名。同时初中全国化学竞赛（四川赛区）也取得好的成绩，共11人获市级以上的奖。2000年春季全国高中化学竞赛又传捷报，我校竞赛选手又获得全国一等奖、全国二等奖、全国三等奖各1名，市一、二、三等奖共8名的好成绩。而且黄朝俊同学还入选省集训队。

近年来学校在素质教育的观念影响下，开展各学科竞赛辅导，并由学校统一组成数理化竞赛教练队。首届学生参加全国化学竞赛就获得了好成绩，为学校拓宽素质教育的途径，争创国家重点中学做出贡献。下面谈谈我们在竞赛辅导方面落实素质教育的一些做法和体会。

一、转变思想观念，正确处理好应试教育和素质教育、高考和竞赛的关系

我校是一所年轻的省重点中学，与其他学校相比生源不占优势，加上刚开始竞赛辅导经验不足。为了搞好化学竞赛、落实素质教育，学校领导组织我们学习有关教育理论，从素质教育的大前提出发，明确课外活动、开选修课、搞竞赛培训是教育观念的转变，是从应试教育向素质教育转变的重要环节。课堂教学务必抓好基础，大面积提高教学质量，利用课外活动培训竞赛选手，因材施教，培养兴趣，增长才能，充分发挥学生的个性和特点。课堂教学注重提高

效率，减轻学生的作业负担，让学生有时间和精力参加课外活动、竞赛培训，为化学教学培养骨干，这些"小老师"又促进了课堂教学。课堂教学和课外竞赛培训相辅相成，相得益彰，相互促进，两者共同努力为国家培养和造就未来的人才。学科竞赛辅导在某些方面能有效克服片面追求升学率的影响，较好地完成由应试教育向素质教育的转变，积极培养学生在知识、智能和心理品质等方面的综合素质，以培养将来适应社会竞争的人才。在如何搞好竞赛的培训上，大家认为在应试教育的大环境下也搞过竞赛培训，但未能摆脱应试教育的模式，而现在我们必须在思想观点上形成共识。那就是一方面强化课堂教学的手段和方法，另一方面制订切实可行的竞赛培训计划，充分体现素质教育的特点，尽快让尖子脱颖而出，再通过尖子的作用带动一批学生，让课堂教学和竞赛培训相互促进。

二、加强基础知识的学习，培养创新能力和思维能力

知识和能力是相辅相成的，要培养学生参加竞赛的能力，首先要让学生扎实地学好基础知识，知识是能力的基础和载体，知识对智力的发展起着不可替代的作用。因此在总课时不变的前提下，我们要狠抓课堂教学，向45分钟要效率，在平时教学中，重视基础知识和基本理论的交叉、引伸和拓宽。但竞赛不仅是知识的竞赛，而且是高水平的智能的竞赛，要培养竞赛型人才，就要改革传统的教学方法，进行创新能力和创造性思维能力的培养。过去我们在教学中可能由于死抠概念，把一个个定义、概念、定律、关系式绝对化。这样做可能既耽误了教学时间，又扼杀了学生的创造性。其结果很可能是陷入题海，加重了学生的负担，所以我们在选拔和培养竞赛选手时，特别注意学生潜在的创新能力和创造性，也只有培养了这些能力，他们才有可能在高难度的竞赛中举一反三，触类旁通，使他们的各种能力得到发挥。教学中我们常常精心编制一些创造性思维能力的训练题，进行解题方法与技巧的训练，培养思维的灵活性和创造性，如把最新科研成果编成新情境试题，让学生练习。这类试题解答时要有灵活的思维和高度的创造性，要有知识的综合能力和解题的技巧性。

三、加强阅读指导，培养自学能力

竞赛试题的许多知识来源于课本，又远高于中学教学大纲的要求，有许多知识来源于大学一、二年级的无机化学、有机化学，甚至于大学三、四年级的分析化学、结构化学的知识。这就要求学生在较短的时间内完成较多的知识量和信息量的消化、吸收、储存和运用，若不培养学生的自学能力，光靠老师去传授是不现实的。自学能力是学生智能发展的基础，自学能力是化学竞赛选手独立获得知识的必要条件，因为有了这种能力，学生就能广泛猎取知识，见多识广。我们采用如下方法培养自学能力：

（1）制订超前阅读学习计划：计划根据竞赛的特点，进入高中后用一年的时间把高中的内容学完。进入高二后开始大学一、二年级的内容的自学和辅导，开展有关知识的专题讲座，拓宽学生的知识面，增强学生的自学能力。

（2）指导学生自学阅读：让学生根据阅读计划积极主动地自学阅读，老师集中讲解。这样学习效率更高，学习的主动性更强。

（3）布置超前学习作业，激励超前学习。实践证明，学生愈超前学习，知识面愈广，兴趣愈浓，能力愈强。

（4）教给学生一些有效的自学方法，如卡片式、标记式、批解式、摘抄式、心得式等阅读课本和参考书的方法。

（5）组织学生办化学专刊板报，撰写化学小论文，让知识系统化、网络化。

（6）指导学生阅读课外书籍，要求学生做到"五会"。即会查找知识，会写出读书笔记，会记忆知识，会科学安排时间，会储存并应有知识。同时要求学生读一本书时，尤其是那些大学教材，最好认真通读，再循序渐进。

通过竞赛培训的学生（包括未能获奖的）由于培训期间培养出的自学能力和良好的素质，在今后的学习中，甚至以后的工作中终身受益，较一般的同龄人有更强的进取心、求知欲、创新能力。

四、创造条件改进一些化学实验或与竞赛有关的定性和定量实验，培养学生实验动手能力

化学是一门实验科学，每次竞赛后的实验试题都要专门考查学生的动手能力。因此，我们在平时教学中让学生多做实验，包括演示实验都尽可能地让学生动手去做。在这样的指导思想下，学校每周星期三下午都开展化学兴趣小组的兴趣实验的活动课。兴趣小组基本上是化学竞赛培训队的成员。而且我们在以后的培训中还准备开放实验室，让学生动手做想做的实验，甚至动手改进实验。通过实验培训学生的动手能力明显提高。

五、重视培养非智力因素

学生的学习过程是智力和非智力因素共同参与的过程，学习效果的好坏是这两种因素共同作用的结果。同样，开展化学竞赛培训在重视智力因素的培养的同时也不应忽视非智力因素的作用。非智力因素指人的兴趣、欲望、情感、意志、毅力、性格等，也就是常说的情商。有的学生平时做题还比较顺利，一进考场就紧张心乱、反应慢，做题就觉得难了，结果考试成绩不理想。一个重要因素就是这些学生的应试心理素质较差，竞赛不仅是知识、智能的比赛，也是心理素质的较量。所以我们在平时竞赛训练和选拔中十分注意应试心理素质的培养，这样他们才会临场不慌，充分发挥自己的实力。激励学生的学习动机和兴趣也很重要。我们针对不同年级的学生的心理特征和认知水平采用不同的方法激发学生的学习兴趣。例如，初中、高一学生以兴趣激发他们的学习积极性；到高二、高三年级学生在自学过程中会碰到更大的困难，兴趣有可能发生转移，此时若不注意培养和磨炼他们的意志、毅力、恒心，他们往往会半途而废。所以，在培训过程中要多鼓励他们，帮助他们树立顽强的意志和坚韧的毅力，树立克服困难的自信心。

六、提高教师的自身素质，发挥群体的协作精神

参加培训的学生大多数智力水平较高、反应灵活、勤奋好问，这对老师

的讲课水平和能力就提出了更高的要求，这迫切要求我们教师提高自身业务水平，不断提高自身素质。我们教师分工合作，每人负责一部分内容，除了深钻中学大纲和教材以外，还要重温有关大学教材。另外，教师还要加强教育学和心理学方面课程的学习，同时注意阅读最新的科技资料和课外书籍及报纸杂志，精心编写培训材料，并尽快掌握现代教育和教学的技术，应用多媒体和互联网来辅助教学。在培训中教师自身素质提高，知识面拓宽，理解能力提升，在课堂教学中更能得心应手，课堂教学质量也得以提高。

通过努力我校的化学竞赛培训工作积累了一些经验，但我们也清醒地看到我校的学生在化学竞赛方面才刚刚起步，还有待于我们继续努力，使我们学校的化学竞赛培训工作更加健康地发展下去，为素质教育的开展拓开更广阔的途径和空间，促进我校的教育、教学水平在素质教育的大形势下再上一个台阶。

高中化学网络教学模式的构建

互联网对人类的学习方式的影响是任何一次技术革命都不能比拟的，而我们认为现代教育技术（包括互联网）的运用不应只是技术的应用，还应包括最新的教育、教学思想和理论，以及最新的学习理论的运用。新的教学模式的构建包括现代教育、教学思想和理论的选择，教学目标的确定，操作程序的确定，教学各要素的关系的确定等几大要素。多年以来，笔者在四川省双流区棠湖中学工作，一直在高中化学教学领域内进行网络环境下的化学教学模式的探讨，从教学思想的更新、教育理论的学习、教学方法的探索，到网络课件的开发、网络教学平台的建立、网络教学课堂实验的操作等各方面做出了努力，并尝试建立网络教学的教学模式。多年的教学过程中，我们在网络教学上采用过下列6种教学模式。当然实际教学过程中不一定采用单一的教学模式，而可能在同一节课堂教学内容中用到几种教学模式。教学过程中的所有实际案例都作为教学共享资源放在互联网上。

一、自主学习网络教学模式

1. "以学生为中心"的教学方法

"以学生为中心"的教学设计在美国等西方国家十分流行，美国教育传播与技术协会（AECT）关于教育技术的定义（1994年）强调，对学习（learning）过程和学习资源的设计、开发、利用、管理和评价，就是教育技术。很明显，这里强调的是学而不是教。再看李克东教授对现代教育技术的阐述："现代教育技术就是运用现代教育理论和现代信息技术，通过对教与学过程和教与学资源的设计、开发、利用、评价和管理，以实现教学优化的理论与实践。"所以，多媒体、网络在教学中的应用不是为了应用而应用，而是为了帮助学生充分发展他们的潜能。因此，是否依据学生发展的规律与特点来运用多媒体、网络技术，是否一切为了体现学生的主体地位、为了促进学生自主学习的发展，是衡量教育技术应用是否有效的标准。

基于建构主义的以学生为中心的教学模式，始终以学生为中心，强调学生的首创精神、知识外化和自我反馈。我们把这种模式在网络教学中的应用叫作"自主学习网络教学模式"。

2. 自主学习网络教学的特征

第一，自主学习的网络教学建立在全面和深刻理解现代教育技术的基础上，即现代教育技术是对教学过程和教学资源的设计、开发利用、评价和管理。第二，学生的学习过程以学生为中心，老师是教学过程（也就是学生的学习过程）的设计者、是教学资源的开发者、是教学过程中资源的不断完善者，同时又是教学资源的评价管理者。老师在教学过程中通过学习来完善教学资源，学生在学习的过程中也可以参与学习资源的设计和开发。第三，自主学习网络教学模式还有利于个别分层次教学的开展，学生的私有空间可使其有效地进行个别学习，老师和学生的对话更有内容的针对性和频度公平性，不会出现如传统课堂上只有少数好的学生参与学习的现象，老师对学生的指导更加隐形化，对学生的个性和自尊形成保护。

自主学习网络教学模式的三个基本要素是学生活动、老师活动和教学平台（包括教学内容和教学媒体），而它的基本结构是基于三个要素之间的相互作用的开放结构。

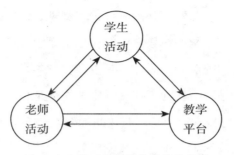

图1　自主学习的网络教学的结构图

自主学习网络教学模式的基本过程是：老师首先分析研究教学目标，然后创建出一个供学生学习的网络环境，包括多媒体积件的整合和教育信息资源的优化和设计。这一过程可以叫作备课，也可以看成现代教育技术的开始。再就是学生的自主学习过程和老师的教学评价过程，以及学生的自我评价过程、强化训练过程和教学的反馈过程。整个教学过程不只是现成的知识内容的传授过程，而是学生在网络技术环境下创造性得到表现的一个过程。

图2　自主学习的网络教学的过程图

3. 教学案例

教学案例1：

在高中化学的《硫酸、硫酸的工业制法、硫酸盐》一节，我们采用了自主学习网络教学模式，在教学中我们具体是这样进行操作的：首先创建教学情境，选择与当前学习主题密切相关的环境污染和环境保护问题做为中心，内容确定为"锚"；上课时，教师首先明确本次课的学习任务，指出世界各国共同面临的生存空间和环境问题的严重性和紧迫性，这个过程的作用是"抛锚"，由此追溯到环境污染与硫酸的关系，硫酸的性质以及硫酸的工业制法；然后让学生打开电脑开始自主学习。学生直接进入《硫酸、硫酸的工业制法、硫酸盐》的网站，根据网页上的要求了解本次课的学习任务。学生可以根据自己的预习情况决定进入哪个网页，学习哪一部分知识，如果需要可以在各页面之间跳转。不懂的问题可以在BBS论坛上发表自己的问题，或者与同组学生讨论，当然也可以问老师，不过对于知识性的问题应尽可能在自学过程中解决。这个环节强调学生的协作学习，通过不同观点的交流修正，加深学生对当前知识的理解。在整个学生自主学习过程中，教师始终穿梭于学生之间，和学生在一起，对学生的学习给予必要的指导，这种指导多数应当针对操作性或技术性的问题。基本知识点学习完以后，教师可以让学生进入测试网页，及时检查自己的学习情况。教师也可以通过网络及时检查学生的掌握情况。

教学案例2：

在《氮和磷》的教学过程中，我们同样采用了自主学习网络教学模式。基本的思路和方法与《硫酸、硫酸的工业制法、硫酸盐》相同，不同之处在于，借助多媒体积件的运用我们试图创建一个能帮助学生形成化学计算思维能力的学习情境，把过去在传统课堂教学中依赖老师的讲解才能形成的思维过程变成自己在学习过程中领悟，例如关于氮的氧化物和氧气的混合物的计算问题。在学习基本的知识点的同时，老师把最新的科技动态和前沿知识介绍给学生。

二、交流互动网络教学模式

1.交流互动网络教学模式的理论基础

从系统论和耗散结构理论来看教学过程，它是一个与自然相似的，需要与外界不断交流物质、能量和信息的过程。教学过程中的各方面因素还要受自身及外界的影响而发生随机的涨落。教学过程中的各方面需要互动、互助及互促等相互作用。

从信息传播学的原理来看，传统的课本、影视电化教育分别是以"作者→出版社→经销商→读者"和"一种信号源→许多同类信号接收器"两种形式来传播知识信息的。按香农–韦弗数学模式来描述，在这个单向线性的模式中信息的接收者处于一个被动的地位。而网络由不同种类的处理器组成，每个处理器既是信号来源又是接收器，这类传播可以近似地用奥斯古德–施拉姆模式来描述。在这个双向模式中传播的两端执行的是几乎相同的功能，交流双方都是主动的行为者。在网络的实际传播中，不仅存在着如该模式描述的一对一的交流，还有以该模式为基础的一对多、多对多、多对一等多种交流形式。

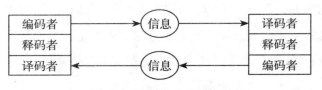

图3　奥斯古德–施拉姆模式

既不是以教师为中心，也不是完全以学生为中心；既发挥教师的主导作用（而不是像"教师中心模式"中那样发挥"主宰"作用——自始至终主宰课堂，完全由教师唱主角），又要充分体现学生的认知主体作用，即要把"教师中心"和"学生中心"两者的长处吸收过来，在这种双中心模式基础上，针对网络教学的特点运用系统论和耗散结理论，建立起来的教学多边交流互动教学模式，我们把它叫作交流互动网络教学模式。

2. 交流互动网络教学模式的主要特征

交流互动网络教学模式通过人机、人人（老师与学生、学生与学生）交流、教学互动，形成自组织。老师、学生、网络教学课程、网络学习环境多方相互作用，在教学活动中建构。由于超媒体的特性，课堂教学成为一种非线性的开放系统。老师与学生，学生与学生，老师与网络教学课程，学生与网络教学课程，老师与网络教学的环境，学生与网络教学的环境等都存在着相互的作用。根据系统科学原理，要形成"自组织"除了"通过开放的有序"之外，还有"通过涨落的有序""通过远距离的平衡有序"。有序就是指"自组织"的程度愈来愈高，就是进化和发展。

交流互动网络教学模式的教学目标不是在教学之前就完全确定的简单的教学目标，而是在教学过程中不断完善和修正的互动的目标，特别是情感目标、德育目标等更是具有不确定性。教学过程之前有一个教学的目标，但并非不变的。教学目标还要在教学的双边活动中不断形成和完善。这样的教学过程才可能生动活泼、充满活力。

交流互动网络教学模式的网络教学课堂要开放，绝对不能孤立于社会生活之外，要通过学习网络，充分利用网络技术的优势和社会生活紧密地联系在一起，形成真正的STS化学。交流互动网络教学模式的网络教学要有涨落、有变化，教学的顺序多样化，认知过程的关节点的涨落会产生认识的飞跃，产生灵感、顿悟和创新。

交流互动网络教学模式的基本特点：第一是复杂的、非线性和多逻辑关系的；第二是全开放的，无论是在教学目标、教学内容、教学形式还是在教学情景中，交流互动网络教学模式的教学基本过程都是全开放的；第三是自组织的，老师、学生、网络教材、教学环境之间都在相互作用。

3. 教学案例

在《碱金属》一章的教学过程中，我们采用了交流互动网络教学模式。我们首先提出了一个基本的学习目标（主要是教学大纲所要求的知识点），然后，给学生提出一个要求让学生在一定的时间内去组织完成相关知识的网络学习课件的构思，提供给老师作为老师的学习平台的建立的参照，接着布置实验任务让学生到实验室做相关实验，再根据学生在实验室中所观察到的相关的实验现象来分析《碱金属》一章所反映出的金属钠及其化合物的物理、化学特性，然后通过多媒体课件来建构《碱金属》一章的知识框架，最后布置复习总结的要求和目标，让学生对这一章知识进行归纳总结，进行复习，以便完成任务知识面的建构。

三、信息加工网络教学模式

1. 信息加工能力

信息的收集、整理、分析（排序、重组或变换）和存储的能力统称为信息能力。信息能力是现代社会人的终身教育所必须具备的能力。如何在众多的信息中快速、准确地提取有用的信息是现代教育所面临的挑战。网络时代的信息以其光的速度、爆炸式的信息量、双向多元化结构和个性化的倾向等特点区别于人类的任何一个时代。我们把这种着重培养网络技术环境下的信息加工能力的教学模式叫信息加工网络教学模式。

现代认知心理学及认知学习理论特别强调把学习看作信息的获取、加工和储存过程，并把学习者看作信息加工的主体。随着心理学家对人类学习过程和认知规律研究的不断深入，近年来，认知学习理论的一个重要分支——建构主义学习理论在网络技术环境下的运用，愈来愈显示出强大的生命力。多媒体计算机和基于Internet的网络通信技术所具有的多种特性特别适合于实现建构主义学习环境，换句话说，多媒体计算机和网络通信技术可以作为建构主义学习环境下的理想认知工具，有效地促进学生的认知发展。

2. 信息加工网络教学模式的基本特征

第一，所有的教学情境都是为了学生如何学好，而不是老师如何教好来创设的，所有的学习情境都经过精心设计，让学生在学习过程中去收集、整理、分析信息，而不是把现成的结论和盘托出。第二，网络资源丰富，而且具有开放性和新颖性。在知识信息爆炸式发展的时代，知识和信息的更新使我们不得不随时通过获取最新的知识和信息来充实自己并迎接挑战。据联合国教科文组织统计：人类近30年来所积累的科学知识，占有史以来积累的科学知识总量的90%。而且人类的知识在19世纪是每50年增加一倍，20世纪初是每10年增加一倍，20世纪70年代是每5年增加一倍，而近10年大约每3年增加一倍。而我们的现行教材在与新知识、新信息的同步上还有相当大的距离。充分利用网络资源进行教学，变封闭的课堂为开放的课堂并与最新的知识信息接轨，在这种思想的指导下我们将与一个知识点相关的网站网址、网页链接尽可能多地收集起来，按照知识点的顺序和逻辑性分类归纳提供给学生，让他们充分地浏览、学习，以达到教学的目的。

3. 教学案例

在《石油和煤》的教学过程中，我们采用了信息加工网络教学模式，具体在教学过程中我们使用了博览求证的学习方法。在教学情境的创立过程中我们按以下的顺序整理了网络资源：一是石油和煤的地质形成（古生物博物馆、中国地质图书馆），二是我国石油和煤矿资源的分布（石油知识大观、中国矿业信息网），三是石油和煤的勘探和开采（地质钻井、煤田地质与勘探、煤矿钻井），四是石油的加工（石油化工流程–1、石油化工流程–2、石油化工设备），五是煤的加工及煤化工（煤化工理论、煤化工设备、煤化工产品、煤化工企业），六是石油化学工业及产品（化学化工、化工产品、芳香烃），七是我国的大型石油化工企业（中石化胜利石油管理局、上海石化），八是我国的大型煤炭工业企业（中国煤炭工业进出口公司、淄博矿务局），九是环境污染和环境保护（中国环保网、美国环保局、地球之歌），十是能源开发及使用（中国新能源、美国能源网），十一是中学化学教学（石油和煤、石油知识大观、环境污染和保护）。学生通过这些网络资源的浏览学习来掌握中学化学的石油和石油产品以及煤和煤的综合利用这两节的教学内容。

在《硅》一章的教学过程中我们也采用了信息加工网络教学模式，因为新材料特别是无机新材料是目前化学及材料科学领域最有发展潜力的。《硅》这一章的教学从知识点来看比较少，我们从教材中得到的信息很少，而从网络上能得到的相关信息却是很多、而且是很新的。课前提出要求让学生在掌握基础知识的原则上尽可能多地收集相关信息，然后用电脑归纳、整理、分析，找出其中与硅、硅的氧化物和硅酸盐有关的材料，形成对《硅》这一章的知识建构。

四、探索研究网络教学模式

1. 探索研究学习

随着知识更新过程的加快，既重视系统科学知识，又重视学生自己活动学习的发现式学习的教学模式出现了。这种模式要求有能反映最新科学成果的教材，主张经过发现进行学习，要求学生利用老师和教材所提供的某些材料亲自去发现应有的结论和规律。它的一般过程为：明确结构，掌握课题，提供资料；建立假说，推测答案；验证，反复，得出结论。

在网络教学过程中我们把利用网络技术和网络教学资源来创设课题，建立假说，并通过网络来提供化学及相关学科的研究资料，历史背景和最新动态，用于推测答案得出结论的教学模式叫探索研究网络教学模式。

2. 教学案例

在《苯分子结构》一课的教学中我们采用了这种教学模式，首先我们提出一个关于苯分子结构的课题，让学生根据苯分子的分子组成来提出所有苯分子可能的结构形式，包括平面的、立体的各种形式，而且不管这种分子是否存在，然后让学生在网上查询科学家在研究苯分子结构的过程中，所经历的不同阶段和他们所得出的苯分子结构形式，再与现代化学结构理论对苯分子结构的认识做出比较验证，来形成苯分子的结构知识。同时我们为学生提供苯分子结构理论的各种支持资料和一些对苯分子结构的最新的研究事实，来说明科学理论的相对性和科学研究的无止尽，让学生学会科学研究中的分析归纳和推理的方法，树立科学的精神。

在《纳米科技及新材料》的专题教学过程中，鉴于《纳米科技及新材料》没有现成的教材和资料，我们只提供一个需要学生学习的问题情境，要求大家到网上去收集资料，了解新材料的功能和运用；同时提出纳米科技的广阔研究领域和运用空间，作为激励学生学习化学的探索性问题。

五、协同合作学习网络教学模式

1. 协同合作学习

合作和创新是新时期的教育应该给予受教育者的基本素质，如何培养学生的合作精神和能力是我们在教学过程中经常思索的问题。我们把学生分成若干个小组分工协作进行学习，然后将学习成果相互交流，再将每一小组的学习成果发布在网上，在全班进行交流、对比，这种模式我们叫它协同合作学习网络教学模式。

协同合作学习网络教学模式的基本特征有学习空间的可控性和多样性。学习空间的可控性，即教师可以对学生的学习效果用多种测量手段进行及时的评价，对学生的交往进行有效的监督，对全班的交往进行适时的调整，并且这种调整是通过网络管理实现的，与学生所在的物理环境无关。学习空间的多样性，即教师可用多种方法编制学习小组。如根据学生的申请，让学生自由结合成学习小组；根据爱好进行分组；根据教学目标的要求进行分组；根据学生对教学材料的掌握情况，进行配搭分组；教师根据学生课堂交往的具体情况进行分组。

2. 教学案例

在《合成氨》的教学过程中，我们在学习目标的要求下将学生分组，选出一个同学为组长，几名同学分工协作，每个同学分别负责一部分内容的学习，如反应条件对化学平衡的影响中的温度、压强和浓度以及催化剂对化学平衡的影响。通过学习相关内容得出相应的结论后，在同组同学的合作下把学习结果归纳总结在一起，由组长把它发布在网上化学课堂的BBS论坛上，任课老师在浏览学生的学习成果以后，把其中典型的结果投影在银幕上和大家一起再进行比较、讨论，最终完成本节知识的建构。

六、虚拟情境网络教学模式

1. 虚拟现实技术

虚拟现实技术（VR）、快速虚拟现实技术（QTVR）是网络技术迅速发展的一个领域，其技术的运用在各个领域特别是教学领域有广阔的空间，对于许多不能失误的高难度仪器训练或是需要不断反复练习的操作训练，如外科手术、开飞机、滑雪、开挖土机、开拖吊机、核子潜艇操作等，利用虚拟现实技术对员工进行训练是一个趋势。结果不仅提升了员工学习的兴趣与效率，也节省了许多文件说明费用，更重要的是大幅降低了新手上线的失误率。另外，在教学导览上传统的多媒体导览都是平面的，而三维空间的虚拟现实可以将空间意念清楚地表示出来，例如可以应用在海底探险、生态教育、交通规则教育等方面。通过这种虚拟情境来进行的网上教学过程叫虚拟情境网络教学。

2. 教学案例

在《晶体结构》的教学过程中，我们采用虚拟现实技术为学生制作了高中阶段常见的几种晶体模型，例如中学常见的7种晶体：氨分子，甲烷分子，二氧化碳分子，氯化钠晶体，氯化铯晶体，金钢石，石墨。这样就为学生创立了一个认识晶体的立体结构的虚拟场景，提供了一个可操作的三维空间教学情境，可高效率地培养学生的空间认知能力，优化教学设备和教学模型，提供多方位的网络教学手段。

参考文献：

［1］查有梁. 教育模式［M］. 北京：教育科学出版社，1996.

［2］查有梁. "交流－互动"教学模式建构（下）［J］. 课程·教材·教法，2001（5）：27–31.

［3］何克抗. 从信息时代的教育与培训看教学设计理论的新发展（下）［J］. 中国电化教育，1998（12）：9–13.

［4］皮亚杰. 发生认识论原理［M］. 北京：商务印书馆，1987.

化学网络教学中演示实验的教学策略

化学教学应遵循以实验为基础的教学原则，教学过程中一个成功的实验胜过千言万语。教学中不管进行怎样的创新和改革，都必须重视化学实验的教学，所以说化学教学中无论怎样强调实验的重要性都不过分。随着中学课程与信息技术整合的全面推开，网络教学迅速地走进中学课堂，化学网络教学的理念、教学的实施过程都与传统课堂有很大的不同。尽管如此，在化学网络教学的过程中，同样应该重视化学实验的教学，重视化学教学的演示实验的作用。

在化学网络教学过程中，如何充分有效地进行实验教学，并最大限度地发挥演示实验的作用，是我们一直在思考并进行实践探索的问题之一。本文根据近年来我们在化学网络教学中探索的经验和体会，就化学网络教学中演示实验的教学策略，谈谈我们的想法和做法。

一、化学网络教学中演示实验的分类及设计策略

1. 化学网络教学中演示实验的分类

从演示实验的形式上化学网络教学中的演示实验可分为：

（1）教材中常见的实验形式，例如，边讲边实验、趣味实验、实验游戏、家庭小实验等多种实验教学形式。

（2）网络虚拟实验形式，即利用网络多媒体课件进行实验教学的形式。化学网络教学中针对仪器的名称、使用、基本操作、仪器的组装等实验知识的实验教学常用这种形式。例如，我们在石油的分馏的演示实验过程中采用了多媒体网络课件来进行仪器的识别、仪器安装顺序的教学，让学生学习相关的化学

实验的基本仪器和基本操作的形式；针对化学实验的基本操作的教学，可利用流媒体形式建立实验基本操作素材库，通过观看制作好的实验基本操作视频素材，来让学生学习实验操作的形式；针对错误实验操作及有危险操作的实验教学，可采用动画模拟来强化学生对这类实验的危害和后果的认识，例如，在浓硫酸的稀释的实验操作过程中，使用多媒体的模拟能让错误操作的实验"有声有色"，让学生留下很深刻的印象；另外还可使用虚拟实验室形式，采用一些设计较好的虚拟实验室软件系统，例如用Chem-lab中的虚拟气体实验室来进行关于气体摩尔体积演示实验的教学。但是，运用虚拟实验的各种形式时一定要注意的是，不能用多媒体动画来代替教师和学生的动手操作，以避免走入演示实验的另一个误区。

（3）网上协同实验室形式，是真实实验环境和虚拟实验平台集成的实验形式，可用于学校内的实验室和网络教室之间以及远程网络实验共享教学系统。在传统的学生实验中学生在学校实验室中进行操作，老师只能检查最终结果，而很难对学生的实验操作过程进行观察，学生也不会主动去对相关知识进行探究，因为他们完全依赖实验手册或报告进行实验。在网上协同实验中学生可通过和学习伙伴的合作设计实验，并通过模拟软件观看实验结果，直到他们认为方案成熟以后再到真实的实验室进行实验。

从演示实验的功能上化学网络教学中的演示实验可分为：

（1）操作性实验，可通过动手操作来达到化学实验的操作性技能的形成的实验，例如实验的基本操作等。

（2）验证性实验，对所学化学理论、假说和化学知识进行检验和验证的实验，例如电解质溶液的导电实验等。

（3）探究性实验，通过学生对实验现象产生原因的探究及实验现象规律的总结形成的一类实验，例如金属和酸溶液反应的实验，通过不同的金属和不同的酸（或不同浓度）溶液的反应实验来让学生归纳总结不同现象的本质原因。

（4）设计性实验，学生在运用所学的化学知识、技能和方法进行一些创造性的活动过程中所设计的可行的实验。例如，我校学生在化学研究性学习过程中，根据所学到的氨及铵盐的知识设计了《实验室中什么方法制取氨气最好？》等探究实验。

2. 化学网络教学中演示实验的设计策略

化学网络教学过程中的演示实验设计应遵循的策略有三，第一是基础性策略，网络教学中演示实验的选择和设计应遵循实验的基础性，坚持以实验为基础，重视基本实验、基本操作、基础知识，强调通过观察、实验、实证和实践的途径来学习化学。第二是创新性策略，强调以化学演示实验为载体，以创新为特征，来达到培养学生的创新意识和创新能力的目标。第三是探究性策略，由学生自身通过对演示实验的观察探究、记录分析、总结概括，而达到学习化学知识的目的。

二、化学网络教学中演示实验的实施策略

1. 绿色化策略

绿色实验有五个需要遵循的原则，一是排斥有毒物（Rejection）、二是减少用量（Reduction）、三是可重复使用（Reuse）、四是可回收（Recycling）、五是能再生（Regeneration）。这五条是绿色实验的5R原则，也是化学网络教学绿色化策略的理论依据，将其运用于化学网络教学演示实验的设计和实施，就是化学网络教学的演示实验的绿色化策略。首先，在网络教室中进行的演示实验要排斥有毒物的产生和排放，一方面要考虑有毒物产生的环境污染，另外还要考虑腐蚀性的气体和各种化学物质对电脑及其他多媒体设备的不良影响。因此在一系列燃烧、加热、蒸发等会产生酸性、氧化性或其他腐蚀性的气体的实验演示中，应有比一般的演示实验更高的绿色化要求。例如，在无机物的燃烧（例如红磷和白磷的燃烧对比演示实验等）、有机物的燃烧（例如乙炔、乙烯及苯的燃烧等）和化合物的分解（例如氯化铵分解演示实验等）等演示实验中，我们采用了这样的改进措施，把燃烧的过程完全密闭在一个透明的空间（如容积很大的试剂瓶或下口瓶）内进行，这样既不影响实验的观察效果，又不会在通风条件不好的网络教室中产生各种有毒或有害气体。另外，对于各种化学物质的观察、取用、溶解、加热、鉴别、分离等操作都应考虑绿色化策略的要求。

2. 微型化策略

实验的微型化是当前化学实验改革中的一种趋势，也符合绿色实验5R原则中减少用量的原则，网络教学过程中也应对演示实验进行微型化设计和实施。微型实验要求仪器装置的微型化和实验用试剂的少量化，仪器装置的微型化可通过购买成套的微型实验仪器实现，但更多地还要根据网络教学的教学实际进行改进和设计实验，以形成化学网络教学演示实验的微型化策略。针对网络教学过程中教室一般较大，学生离老师演示的距离较远，特别是在学生人数较多时实验现象几乎不可能观察的特点，如何做到既满足实验微型化又不影响实验现象的观察、记录，是对实验微型化设计的进一步优化。在网络教学的过程中，我们充分利用现代教育技术的优势对微型实验在网络教学中运用的不利因素进行弥补，充分利用网络多媒体教室中的投影仪、实物展示平台等将微型实验装置、点滴板、表面皿中进行的演示实验现象加以放大和加强，以实现网络教学中演示实验的微型化。例如，在演示温度、压强对化学平衡的影响实验中，我们只用一支很小的注射器装很少的二氧化氮气体，再配合实物展示平台放大就得到很好的演示效果。再例如，在一系列试管实验中，我们都通过类似的方法来观察颜色的变化、气体的产生、沉淀的生成等实验现象。

3. 简约化策略

在化学网络教学的实际教学过程中，一般中学的多媒体网络教室和化学实验室相距较远，网络教室的通风、水、电和实验设备、仪器等条件不足，对于需要经常在网络多媒体教室进行实验教学的化学教学来讲，都是一些不利的因素。根据化学实验设计的简约性原则，实验教学中强调以实验为基础的目标控制原则，在不影响教学目标的前提下，对演示实验进行简约化的设计和操作，并总结形成演示实验的简约化策略。例如，氢气还原氧化铜的实

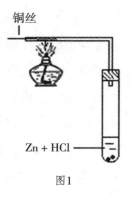

铜丝

Zn + HCl

图1

验，我们对实验进行了简约化改进，在小试管口插一带直角弯管的橡皮塞，按图1的装置进行实验，使实验过程及装置简约化但又不影响实验的演示效果。

4. 组合化策略

在化学网络教学过程中，有一些相关知识的演示实验所用的装置有相似之处，所用的试剂有前后的相连关系，而且学生的知识能力也达到相应水平时，我们可对相关的实验采用组合设计，以达到组合化的目的。实验的组合化一方面能提高学生的实验设计能力，另一方面也是因为我们在网络教学实际中感到实验教学需要相对集中，所以把相关的一些实验进行组合设计、组合演示，并形成演示实验的组合化策略。例如，在氮气及随后的硝酸的教学中，我们将铜和浓硝酸的反应、二氧化氮和水的反应、一氧化氮和氧气的反应的实验组合在一起（如图2）。具体操作如下：将少量铜片小心放入一医用玻璃注射器活塞内，并套上针头，将注射器内空气推出，小心吸入少量浓硝酸，立即将针头插入橡皮塞中，松开握活塞的手，让铜和浓硝酸

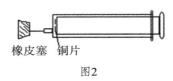

橡皮塞　铜片

图2

反应，等到产生的二氧化氮气体到一定体积时，取下橡皮塞，推出注射器中的气体用氢氧化钠溶液吸收。然后吸入适量蒸馏水再将针头插入橡皮塞，振荡注射器。当气体颜色变为无色后，取下橡皮塞，再吸入适量空气。重复多次，并配合实物展示平台进行观察。再例如，在高一化学二氧化硫的性质实验的设计时，我们采用了如下的组合化设计思路：在长颈漏斗的末端绕上用石蕊溶液、酸性高锰酸钾溶液、品红溶液及氢硫酸溶液浸泡后的滤纸环，按图3装置安装进行实验。类似的组合化实验，在铜和浓硫酸制二氧化硫、二氧化硫的检验和性质实验，氯气的制取、检验、性质和收集等实验中也可采用。

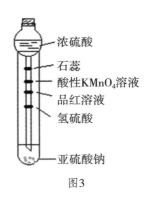

浓硫酸

石蕊

酸性KMnO$_4$溶液

品红溶液

氢硫酸

亚硫酸钠

图3

三、化学网络教学中演示实验的组织策略

在网络教学的过程中对于不同的演示实验，我们根据实验的目的、要求、实验的不同类型、实验的试剂、装置和反应的条件等方面的不同，针对网络教学中的各种演示实验采用相应的组织策略，安排在教学过程的不同阶段，由不

同的人员来完成演示实验，以达成教学目标和网络教学的实际需要。在教学进程上一般安排成边讲边演示、集中演示（先讲后做或先做后讲）等组织策略，在操作人员上安排成老师演示、学生演示等组织策略。例如，对于一些不能在多媒体网络教室演示的实验，我们采用的组织策略是先在教室将反应的原理学习完，然后再集中时间到实验室进行实验。例如，高二化学石油和煤中的石油的分馏实验，先集中讲原理、操作，然后再集中到实验室做演示实验。对于一些家庭小实验、趣味实验，可在课前安排时间让学生在家中或实验室先行完成，然后，再集中时间在教室中进行交流、总结或讲解。

总之，化学学科的特点决定了化学演示实验的重要性，所以网络教学中一定要重视化学演示实验的作用，同时还要探索如何利用信息技术的优势来优化化学演示实验的设计、功能、效果及操作，以提高学生的观察能力、动手能力和思维能力，增强学生对化学学习的探究兴趣，激发学生的创新精神。

参考文献：

［1］刘知新.化学教学论［M］.南宁：广西教育出版社，1996.

［2］祝智庭.网络教育应用教程［M］.北京：北京师范大学出版社，2001.

［3］杨光辉，姚开杰.高中化学网络教学模式的构建［J］.中国远程教育，
　　2001（8）：65-68.

Moodle平台下的中学化学网络教研模式的创新与实践

成都市金牛教育在线网络教研平台是在Moodle系统的网络学习和管理基础上构建的网络教研平台，平台采用异步教学方式，强调专家引领、注重过程评价、鼓励学员互动，创新与实践高效的网络教研模式。金牛教育网络教研平台致力于在全区范围内打造一个全新的相互学习、相互交流和共同提高的教师网络学习共同体。

一、理论基础

社会建构主义（social constructivism）的学习理论认为：某些领域的知识是我们的社会实践和社会制度的产物，或者相关的社会群体互动和协商的结果。其基本观点有：①知识来源于社会的建构，②个体与社会是相互联系、密不可分的能动关系，③学习与发展是有意义的社会协商，④文化和社会情境在认知发展中起着巨大的作用。

学习共同体（learning community）理论指出：学习共同体是一个由学习者及其助学者（包括教师、专家、辅导者等）共同构成的团体，他们彼此之间经常在学习过程中进行沟通、交流，分享各种学习资源，共同完成一定的学习任务，因而在成员之间形成了相互影响、相互促进的人际联系。

社会建构主义和学习共同体的理论同样也能对我们中小学网络教研活动模式的创新和实践起到指导作用。教师教学能力的提高，很大程度上要依靠教研活动的深入开展，得力于教师自身不断地学习提高。而这个学习的过程也是个体（教师）与社会（教师团队）的能动，也是一种社会的建构和协商的过程。同时教研活动也是在教师之间沟通、交流、协作、相互影响、相互促进的过程中实现的，所以也离不开学习共同体理论的指导。

二、Moodle网络教研平台的构建

所谓网络教研，是依托现代信息技术手段，开发和利用网上教育资源，建立开放、动态、交互的网络教研平台，对教学过程、教学资源、教学评价、教学管理等方面，实现资源的交流与共享，以教育信息化推动教育现代化的理论和实践。

Moodle这个词是Modular Object – Oriented Dynamic，Learning Environment，（即模块化面向对象的动态学习环境）的缩写，是一个用来建设基于Internet的课程和网站的软件包。其另一层含义是一个动词，表示想起什么就做什么，自由地发挥创造力和想象力。Moodle平台依据社会建构主义的学习理论，即教育者（老师）和学习者（学生）都是平等的主体，在教学活动中，他们相互协作，并根据自己已有的经验共同建构知识。

作为网络课程学习平台，Moodle平台的功能主要分为网站管理、课程管理、学习管理三大部分。其中课程管理具有强大的课程开发功能，如：资源设计、教学活动设计、各类测验等。其丰富的课程活动几乎囊括教学活动所需要的大部分功能，诸如：论坛、测验、资源、投票、问卷、作业、聊天、Blog等，由于它是一个开源软件，Moodle平台的界面简单、精巧，兼容性和操作性极好，可以根据需要随时调整界面，增减内容，可以随时扩充它的功能。

如何在社会建构主义的学习理论和学习共同体理论的指导下，将网络课程学习的平台——Moodle平台，应用到中学化学网络教研中，利用网络的技术优势进行教研模式的创新与实践，让它对传统教研方式或常规教研方式起到有益的补充作用，提高学科教师的教育教学水平和能力，是我们思考与探索的焦点所在。

三、网络教研模式的创新与实践

1. 网络教研的基本情况

作为传统教研方式的延伸和补充，网络教研在金牛教育在线（http：//www.cdjnjy.com）已经开展多年。通过多年来的实践，老师们已经逐步习惯在学科教研员的引领下进行网络学习和研讨，网络教研充分发挥了对教研活动的服务和改造功能。但是，同时我们也看到，金牛教育在线作为金牛区教育研究培训中心的门户平台，其目标定位不是作为网络教研使用的，网络教研所需要的互动交互、过程管理、学习评价等功能都不具备，为了深入推进网络教研，对网络教研进行进一步的创新与实践，我们尝试使用Moodle系统，构建金牛教育在线网络教研平台，利用该平台开展网络教研。到现在为止已有10个学科，16门主题教研形式在这个平台上进行教学研究。涉及学科教师共计1082人，最多的学科有540人，中学化学网络教研是其中的前行者之一。

2. 常见中学化学网络教研模式的创新与实践案例

（1）主题任务驱动模式

区教育研究培训中心化学组和培训部根据中小学教师继续教育的需要，在平台上以规范性培训的形式，开设了在一定时间内、以规定主题内容为学习目标，完成规定学习时间及规定作业的主题任务驱动的教研活动。因为这个平台实行的是全区范围的中小学教师实名制登录，所以组织者对学科教师的学习时间、学习内容、交流互动及作业递交等在线过程和状态都能十分准确、迅速地统计出来。

例如，化学学科的九年级化学2010年暑假规范性培训活动，包括两个主题任务内容，共计继续教育规范性培训10个学时，两个内容分别如下：

一是"2010年成都市中考化学试题之我见"。主题任务要求老师们对2010年成都市中考化学试题认真研读，并参照2010年中考考试说明（化学）及我区中考复习研讨活动的要求和建议，对2010年成都市中考化学试题进行分析评价，并对自己在2010年中考复习教学过程中的得失进行总结。对试题的分析评价和教学总结作为本次规培的作业。作业的形式以网络教研平台的讨论和跟帖形式为主（至少200字），中心培训部以每一位教师在线网络学习的时间、作业的完成情况等作为该教师继续教育规范性培训的学时和学分依据。

二是"关注高中化学新课程的实施，提高初中化学课堂教学质量"。任务要求初中教师及时地了解高中新课程在我省的实施情况，全面了解高中新课程与初中课程之间的联系和不同，搞清楚高中新课程对初中化学课堂教学的影响，以便在初中化学教学过程中，更加有效地提高课堂教学的效益和质量。本次活动由学科教研员提供给大家《普通高中化学课程标准（实验）》、人教版普通高中化学必修和选修教材、四川省高中化学新课程实施建议等相关资料的电子文本或相关链接进行学习研究。作业形式：根据你所了解的高中新课程内容和你的教学思考，在金牛教育在线"网络教研平台"上进行网络讨论、跟帖，并递交书面作业。学科组和培训部对此进行统计，作为本次规范性培训的学时和学分的证明依据。

（2）专家引领网络评课模式

网络教研面向全体教师，同时要创造条件让肯钻研、勇于创新、有潜力的教师尽快成长为骨干教师。学科专家或教研员可以通过平台，对这些教师进行跟踪指导，重点培养，给他们提供更多的对外交流的机会，为他们搭建施展才华的舞台，让他们逐渐形成自己的教育思想和独特的教学风格，成为市、区学科带头人。

例如，2010年3月，我们在人北中学观摩由人北中学唐翕老师、黄文海老师执教的"先学后教、当堂训练"教学模式的课堂教学展示课。两位老师分别展示了复习课教学《酸和碱的复习》、新课教学《复分解反应》。针对唐翕老师和黄文海老师这两节的教学理念、课堂教学设计、实施情况和教学效率等情况，我们安排了一次网络评课教研活动。首先我们提供了洋思中学前校长蔡林森《灵活运用"先学后教，当堂训练"的教学模式，打造高效课堂》的讲座素材，利用"先学后教、当堂训练"的教学模式进行了引领学习；然后安排大家对这两节课进行评课活动。区教培中心教研员通过平台对他们进行跟踪指导，重点培养，同时为他们提供区及校际之间的交流学习机会，为他们搭建专业发展的平台。

（3）网络课程模式

网络课程是一种新兴的课程模式，通过平台的在线课程，使教师理解、领会和把握新课程改革的指导思想、教育观念和改革目标，了解课程目标和课程内容，了解现代社会对人才素养的要求，促进教师树立正确的学生观、人才观、质量观，更好地开展课堂教学，进行教学研究。

例如，2009年10月，我们进行了"新教师如何才能尽快入格""怎样说课"等网络课程学习的教研活动。其中"新教师如何才能尽快入格"主要针对我区近年来许多新上岗的化学教师，特别是刚从大学毕业到学校的年轻人，探讨怎样能够尽快进入教师的角色，适应教师的工作，课程从新教师应该具有哪些方面的知识、能力和基本素质等教学实际问题入手，促使我区新教师进行自主学习、上岗培训。"怎样说课"针对教师特别是新教师对说课的目的、意义、形式等进行网络自主学习，通过课程学习老师们就课程目标的达成、教学流程的安排、重点难点的把握及教学效果与质量的评价等方面进行预测或反思，进一步地改进和优化教学研究过程。

（4）学术沙龙模式

在平台上可以定期组织轻松愉快的学术沙龙活动，让教师针对教育观念、教学行为、教学手段等各抒己见、畅所欲言。这种学术思想的交流和思维火花的碰撞促进了教师间的了解与沟通，互相取长补短，也有利于增强教师队伍的凝聚力，形成教师学习的共同体。平台可以通过问卷、投票、聊天和论坛等功能进行学术沙龙形式的交流互动，让所有自由参与的学科教师及其他参与者以完全平等的身份进行思想的碰撞。

例如，2009年3月我们进行的"一诊后复习教学工作网络研讨活动""高三化学试题讲评课怎样实施"等教研活动，就是采用这种模式，其中"一诊后复习教学工作网络研讨活动"是在全区高三化学教师在成都铁中进行了一诊复习教学研讨会的基础上进行的，由铁中和实外西区两个学校的高三化学教师就本校一诊前的复习教学工作和一诊后的复习工作安排做了经验交流，因为时间关系与会的老师没能就自己学校的安排和打算进行更为广泛的交流。为此我们特地安排了一次网络教研活动，希望大家就一诊后的复习工作做进一步的交流讨论。"高三化学试题讲评课怎样实施"则针对高三复习中最常见的课型——试题讲评课的课前设计、课堂实施和课后反馈等进行广泛深入的交流讨论。

此外，网络教研平台还准备尝试"网络集体备课""网络磨课""网络视频观摩课"等新的网络教研模式，通过这些网络教研的创新与实践，我们期待更多老师、学校关注使用网络教研，同时我们也希望通过不断研究与实践，为我们教师的专业成长提供更广阔的平台。

四、Moodle平台的中小学网络教研的思考

Moodle平台上的中小学网络教研是一件新生事物，它给我们一种全新视角来探索教研的方向。网络教研在扩大教研的作用，促使教研更加科学化和高效化，提高教师的专业能力，激发教师的职业热情和创新精神，改变教师的角色认识和自我观念，拓展教师专业发展等方面发挥了重要作用。它还将一种民主、平等、协作、共商的文化理念植入教师的观念中，然后通过教师影响他们的教育对象。但是，网络教研作为一个新的领域，从网络平台的选择与开发，到网络教研形式、内容以及出发点与立足点的选择等方面，还有很多问题有待研究。另外，如何处理网络教研和传统教研之间的关系，挖掘两者各自的优势和特点，避免各自的局限和不足，也是网络教研在创新与实践中应该思考的问题。

参考文献：

[1] 沈映珊. 认知建构主义与社会建构主义在学习观的分析比较 [J]. 现代教育技术，2008（S1）：21-23.

[2] 孙波. 以学习求发展：学习共同体学校管理理论与实践 [M]. 哈尔滨：黑龙江教育出版社，2005.

[3] 王小明. 区域推进网络教研的探讨 [J]. 中国电化教育，2008（7）：79-81.

[4] 钟和军. 网络校本教研的实践模式与推进策略 [J]. 中国电化教育2004（9）：45-48.

初中化学基础实验与实验探究试题
整合教学研究

　　化学是一门以实验为基础的学科。在近几年的成都市高中阶段教育学校统一招生考试（含成都市初中毕业会考）的化学试题中，与实验相关的灵活性试题是学生解答的一大难点，尤其是最后一道探究题，都是将教材基础实验加以改进和创新得来的，主要考查学生的动手实验能力、设计方案能力、分析能力、数据处理能力等。但很大一部分学生由于平时没时间或没机会接触这样的实验，而在答题环节往往出现读不懂题目要求、设计方法不正确、答案不严密、叙述不严谨等情况。为了改变这种状况，真正提高学生实验探究能力，使其能够学以致用，能够解决问题，本文阐述了将基础实验教学与中考实验探究试题有效整合的教学实践研究。

一、理论依据

　　《义务教育化学课程标准（2011年版）》关于"活动与探究建议"中提道：所列举的活动不要求全盘照搬，在教材编写或教学时可依据实际情况选择应用，也可以增补更适合的探究活动。其中的实验探究活动应尽可能鼓励学生主动去完成；综合性较强的探究活动要组织学生以小组为单位共同协作完成，以培养学生的团队精神和协调工作的能力。命题时应在注重考查学生认知性学习目标的同时，注重考查学生科学探究能力。而命题专家在解析试题命制时关于实验探究试题是这样提出建议的：命题时要关注学生未来发展所需要的最基础的化学知识与核心观念，重视考查学生的化学实验与探究能力。突出学科特点，注重对以实验为核心的科学探究能力的考查，一定要让平时经常亲身经历和体验科学探究活动的学生在应考时表现出他们的长处。

二、将基础实验与中考实验探究试题整合教学的意义

1. 有助于科学探究目标的达成

《义务教育化学课程标准（2011年版）》在第一部分科学探究处指出：义务教育阶段化学课程中的科学探究，是学生积极主动地获取化学知识、认识和解决化学问题的重要实践活动。新课标的理念是倡导探究式学习，科学探究是化学课程中重要的学习方式，使学生养成科学的思维方法和创新精神，培养学生的实践能力，因此，科学探究就是让学生有更多的机会去体验知识的探究过程，在探究过程中学习，在合作中学习，在学生与学生、教师与学生的交流中提升。但在实际教学当中，很多学校的老师往往是安排学生按照教材中实验活动的实验目的、实验用品、实验步骤等按部就班地完成，缺少学生自己发现问题、提出问题、分析问题，并做出合理的猜想与假设、设计实验验证自己的假设等环节，学生也就达不到提高科学探究能力的目的。而将中考实验探究试题中的一些问题以恰当的形式整合到基础实验中，可以使学生更好地提高自己科学探究的能力和科学素养。

2. 有助于提高学生的解题思维能力和答题能力

科学探究是积极主动地获取化学知识和解决化学问题的重要实践活动，根据题目情境提供的信息，要求学生初步学会运用比较、分类、归纳、概括等方法对获取的信息进行加工，要求考生会发现问题、提出问题、分析问题，并做出合理的猜想与假设，会设计实验验证自己的假设，以此考查学生的化学基础知识、综合实验能力和科学探究能力，培养学生的科学探究精神，提高科学素养。解答此类试题思维要有开放性，能探究性地提出问题，要敏锐地发现问题，提出假设和探究验证假设的方法，用观察到的现象和记录的数据进行推理和判断；要注意对试题提供的信息进行分析、数据的处理以及对探究问题的合理猜想和想象，不要生搬硬套，胡乱猜想，应在短时间内切准题目要害，找准

突破口。理想很丰满，现实很骨感。由于一些学生很少亲身体验真正的实验探究，所以在解答探究试题时无从下手，出现众多问题。

三、学生解答实验探究试题的现状

理论上来讲，探究题的解答技巧每位老师都会讲到，比如：先读题干，勾画关键词，找出已知信息；然后找出要探究的问题，接下来围绕要探究的问题和已知的知识进行合理运用和解答，最后结论与需要探究的问题要逐一对应上，还需要从是否对环境产生污染、是否节约、操作是否简便以及探究试题本身和所学知识结合起来进行评价等角度进行反思和交流等。但即使老师讲得再多、强调再到位，学生依旧会出现以下一些问题。我将最近两年学生解答探究题的疑问和困惑做了调查。调查方法：学生文字叙述自己解答探究题时的感觉和困惑，然后统计各种情况及人数。调查班级：实验班，中考重点率60%左右，具体情况如下。（2班：52人；6班：50人）

表1 实验探究试题解答情况调查表

困难与困惑	2班	6班
怕做探究题	23人	17人
揣摩不出出题人的意图	18人	17人
读不懂题	7人	9人
表达不准确	16人	11人
一些常规操作不熟悉	4人	5人
答题达不到重点	8人	6人
不会分析数据	20人	15人
对考题所给信息提取不准确	16人	16人
实验题中的图像看不懂	13人	14人
遇到没见过的探究题很慌乱	20人	17人
实验结论不准确、不全面	6人	8人
……（其他情况散乱，没做统计）	—	—

四、改进措施及实例

认识到实验探究的重要性及学生存在的问题，我采用以下措施来帮助学生克服困难。

1. 基础实验重点突破

教材要求的8个基础实验必做（分组完成），适当补充学生理解容易出现误差或者出现困难的设计方案，比如在做"实验活动5 一定溶质质量分数的氯化钠溶液的配制"时，在教案的设计上适当改进和补充。

（1）把配制50 g质量分数为6%的氯化钠溶液改为配制5%的氯化钠溶液，这样就必须用到游码，再增加讨论部分：砝码和药品放反了，对配制结果的影响；

（2）在量取水时，补充：仰视读数，导致取水的量_____（填"偏多"或"偏少"），溶质质量分数_____（填"偏大"或"偏小"）；俯视读数，导致取水的量_____（填"偏多"或"偏少"），溶质质量分数_____（填"偏大"或"偏小"）；

（3）浓溶液配制稀溶液时仰视读数，导致浓溶液的量_____（填"偏多"或"偏少"），溶质质量分数_____（填"偏大"或"偏小"）。有这样的实验经验，学生理解起来就轻松很多。

2. 演示实验分组改进

没有条件创造条件把教材中的探究部分改成分组实验。比如九年级下册探究溶解时的吸热和放热现象，不仅改成分组实验，还要让学生设计方案证明到底是放热还是吸热，学生充分开动自己的脑筋，方案五花八门，例如：

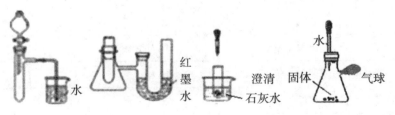

图1 溶解时的吸热或放热现象

讨论异常热烈，尽管这些图形在试题中都有出现，但学生自己讨论出来的结果和意义还是大有不同，并且这些方案的设计与2016年成都市中考化学试题19题有异曲同工之妙。

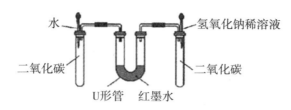

图2　2016年成都市中考化学试题19题图

再比如九年级上册探究质量守恒定律，碳酸钠与盐酸反应的前后质量的测定实验教学中，在这个实验的基础上，解答2014年中考19题（4）【已知该实验中反应前的总质量［m（大烧杯+石灰石粉末）+ m（小烧杯+稀盐酸）］，要计算生成CO_2的质量，至少还需要的数据是_____。A. m（小烧杯）　B. m（大烧杯）　C. m（大烧杯 + 反应后剩余物）】就会水到渠成，不至于漏选A。还有其他如九年级下册教材探究复分解反应的条件等，这里就不一一举例了。

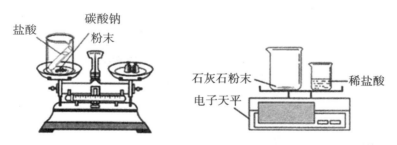

图3　2014年中考化学试题19题（4）图

3. 课外探究实验家中完成

课外探究要求学生必须在家中完成，并利用中午时间进行反馈交流和评价，如：检验鸡蛋壳的成分、探究铁的生锈（提前一周布置下去，补充在盐水中的实验）、自制叶脉书签、自制汽水（可适当添加果汁），学生兴趣浓厚，每次分享和交流，大多数学生都流露出自豪感和成就感，更乐于和老师同学分享，分享形式有小报、小视频、小论文、面对面交流等，也会相应地设置奖励，提高学生的积极性。

4. 中考试题整合基础实验

将历年中考试题中存在的探究问题或学生以及我自己预设到的问题融合在基础实验中进行分组探究，然后必须进行反思交流和评价。例如：实验室制取二氧化碳，人教版教材实验活动二：二氧化碳的实验室制取和性质实验中，鉴于以前学生按照教材步骤按部就班完成实验只需要20分钟，并且学生仅仅是模仿，流于表面，没有进行深入思考，因此我做了如下补充（事先老师做了大量的准备工作，先把仪器连接好，并反复强调安全问题）：（1）如何检查装置的气密性【2018年中考19题（6）的问题】；（2）平底烧瓶内先放入10颗大理石，然后注射器抽取10 mL稀盐酸，再将10 mL稀盐酸（第一次快速）推入烧瓶中，观察并记录二氧化碳的体积；重新实验一次，将10 mL稀盐酸缓慢推入，记录二氧化碳的体积【2014年中考19题（3）的问题】。在反思和交流评价的环节，学生的答案和问题超出我的预设：检查气密性的方法除了拉注射器，松开手后回到原来的刻度外，还有用手握住（热毛巾捂住）烧瓶外壁，观察注射器的刻度等。另外还有学生提出：（1）橡皮塞弹开了；（2）盐酸不好推进去了；（3）注射器后移停留在……，对于二氧化碳的体积，讨论也异常激烈，对于各种影响因素纷纷发表自己的见解。通过做实验，学生特别激动，纷纷积极回答自己想到的、见到的、可能出现的问题以及抢着回答各种问题，真正进行了探究和思考。

  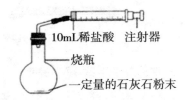

图4　二氧化碳的实验室制取和性质实验装置图　　图5　2018年成都中考化学试题19题图

五、整合教学效果

1. 学生心态发生变化

通过整合教学研究，学生不再抗拒和抵触实验探究试题，乐于接受挑战。

2. 学生成绩对比有进步

对比方法和措施：Ⅰ.命制一套试卷，其中最后一道题选取了2014年成都市中考试化学试题19题，并且整合了2018年成都市中考化学试题19题的（2）（6）。Ⅱ.调查对象：三个实验班，重点率60%左右，分别是2班、4班和6班（三个班其他科成绩均分差别不大，其中2班和6班做过实验改进和整合，4班只完成教材基础实验）。Ⅲ.给相同的时间完成试卷。成绩对比结果如下：

表2 整合教学研究效果统计表

班级	小题得分							累计总分
	2014年19题（1）	2014年19题（2）	2014年19题（3）	2014年19题（4）	2014年19题（5）	2018年19题（2）	2018年19题（6）	
2班	1.23	0.67	1.66	1.19	1.38	0.72	0.81	7.66
4班	1.31	0.34	1.21	0.57	0.79	0.48	0.55	5.52
6班	1.33	0.62	1.65	1.26	1.37	0.74	0.79	7.76

分析数据可知，学生亲身体验实验之后，在解答试题时对试题的理解和应用能力大大提高，分数明显偏高。

3. 师生理念的变化

学生更爱化学学科，在课余时间，他们自己创造条件完成各种实验，乐于思考、乐于创新。

教师肩负着教书育人的任务，在这个实验改进过程中，重要的不是学生成绩提高了多少分，而是作为化学学科的启蒙教师，能够带领学生爱实验、爱化学、爱探索、不畏困难、勇于创造、乐于发现，对未来、对化学充满好奇和想一直好好研究下去的兴趣，这才是我们最大的收获。

参考文献：

［1］中华人民共和国教育部.义务教育化学课程标准（2011年版）［M］.
北京：北京师范大学出版社，2012.

［2］杨光辉.化学学科核心素养视角下的中考化学实验探究试题分析［J］.
化学教育，2019（11）：24–28.

初中化学实验改进激发学生"深度学习"的案例分析

　　近年来，中学学科核心素养的培养和提升已然成为教育教学领域研究的热点。而初中化学科学素养具体包含以下五个要点：①化学科学的价值观，②初中化学核心概念，③初中化学基本观念，④重要的技能，⑤重要的科学事实。

　　其中最重要的第一点就是化学科学的价值观。科学的本质是探究，科学教育的本质也是探究。化学教育的本质就是要教给学生如何创造性地探究物质世界，如何科学地认识物质世界，如何合理地改造物质和应用物质。另外，需要强调的是，自主探究（科学探究）不仅仅是学习化学的重要方式，也是化学教育的重要目标和内容。第四点，学生要学会并掌握的重要技能包括：运用实验手段进行科学探究的技能；通过化学符号表征物质组成、结构和变化的技能；运用数学方法定量地解决简单化学问题的技能等。化学学科的社会价值又主要体现为重要的科学事实：一是与化学学科发展关系重大的重要科学事实，包括典型的物质的组成、结构、性质、变化和用途；二是与人类社会发展密切相关的重要领域，如化学与资源、化学与新能源、化学与环境、化学与新材料、化学与健康等。

　　当前初中化学实验教学的现状是，老师们基本认同实验对学生学习兴趣的激发作用，认同对学生实验能力的培养，能够保证学生有一定的实验机会；期待学生通过实验活动更有效地记忆实验的规范操作，记住重点实验的环节和实验的现象（强调实验知识）。学生的实验活动以简单装置、单环节实验为主，缺少多环节连续操作的实验（实验思维被切断）。对于氧气制备、二氧化碳制备这类多环节实验，学生以分环节模仿为主。对于性质探究、化学反应规律探究等实验，学生动手操作的内容很简单。因为安全问题、课时原因学生实验时间短、活动过程统一，缺少自主设计机会和试误机会，缺少主动建构实验思维并转化成实验操作的空间，难以形成稳固的实验经验。

近3年的成都中考化学试题中大幅度增加考查学生的实验操作能力、考查实验方案和装置的评价能力、考查学生实验探究能力的试题，特别是最后一道实验探究题19题。它是全卷最有区分度的一道题，主要考查各方面综合实验能力（审题、信息提取、实验设计、实验叙述、理化交叉、数据处理、误差分析等），确实要求较高，13分的题，能拿到8分以上已是非常不错。操作步骤文字描述2分、定量分析2分、现象的精准分析1分，都不容易拿到。

从以上初中化学实验教学的现状、最新的教育教学理念要求和学科实际的社会应用价值等方面出发，我们老师在平时课堂教学中、实验教学中、学案习题中都应该对提升初中学生实验探究能力，激发学生深度学习，启发学生的高阶思维的教学策略用心地做一些改进的研究。下面就以2017年锦江区初中化学教师们在课题研究中对部分实验教学改进创新的教学策略进行剖析，供大家参考。

一、巧妙开发引入新课的实验，激发学生兴趣，创设探究的问题情境

课例一：成都嘉祥外国语学校周敏老师在《水分子的变化》一课的教学片段。

周老师设计了两个魔术式的巧实验。第一个实验是"点水成冰"，将一只红酒杯里盛的水对准摄像头，自己用手轻轻一点，杯中水立即凝结成冰。该实验主要是为引入新课题创设问题情境：水结成冰是什么变化？水分子发生了什么变化？

第二个实验是"杯水隐身"，先向两只一样的纸杯里，倒入适量的纯净水，挑选一名学生，师生分别顶一只纸杯在头顶，然后两人慢慢地向相反方向

旋转,当参与的学生背对着老师的时候,老师迅速将纸杯取下喝掉杯中的纯净水。转完一圈,老师展示自己杯中的水消失了。观看的学生们会心地笑了。当揭晓学生头顶上纸杯中的水是否消失时,幸灾乐祸的同学们都以为参与的同学会杯水灌顶时,老师倒扣了纸杯,水没有流下来,也神奇般地消失了。该实验主要是为了增加学生的参与度,也是为引入新课创设问题情境。日常生活中水的蒸发属于什么变化?水分子发生了什么变化?从微观角度认识水分子会发生哪些变化是本课题要解决的真正学科问题。这两个实验都是成都嘉祥的化学教师团队精心设计的,实验用的水也是周老师根据某宝上的产品做了巧妙地处理,才有了这样独特的魔术效果,才使化学课堂如此神奇和精彩,牢牢地抓住初中学生强烈的好奇心。

课例二:成都嘉祥外国语学校刘雪梅老师在《质量守恒定律》一课的教学片段。

以试错的方式自行开发录制微课视频"某学生的称量操作",让学生找出错误操作,并提出改进意见。视频中主要设置三处错误:第一,托盘上不垫称量纸;第二,用手直接拿取砝码;第三,砝码已经生锈了。本节课要讲质量守恒定律,借实验探究规律是主要的学习方式,其中要用到最基本也是初中阶段非常重要的仪器——托盘天平。所以,本环节设计的意图之一,便是复习巩固托盘天平使用的方法、注意事项,引起学生注意,在课中能正确使用托盘天平称量完成实验探究,保证学生们新课的规律探究实验顺利完成。另外,设计使用生锈砝码,主要是为引出问题:使用生锈的砝码称量是否准确?质量会偏大还是偏小?为什么?砝码生锈属于什么变化?化学变化前后,各物质的质量关系如何呢?创设实验探究的问题情境,激发学生兴趣,引入新课。

二、重构演示实验突破教学难点

课例一:成都嘉祥外国语学校周敏老师在《水分子的变化》一课的教学片段。

周敏老师对电解水实验进行大胆的技术改进。以往的电解水实验,教师普遍反映时间消耗太长,一般要10分钟,才能收集到一定体积的氢气和氧气进行检验,而且往往由于氧气的溶解性大于氢气,氧气与电极材料反应而消耗导致负极和正极气体体积比大于二比一。教师经过了多次实验探索，先换成石墨电极，用15%的氢氧化钠进行实验，发现气体体积比远大于二比一，正极还会有很多黑色小颗粒，经过分析，发现此时氧气会与石墨发生反应而消耗，所以将石墨电极换成了铂电极，这样体积比更加准确，但是电解速度还是不快，后来经过反复查阅资料，找到了PEM质子交换膜水电解器，速度明显加快，只需要一分钟，就能电解出大量气体，而且负、正两极的气体体积比几乎等于二比一，解决了一大难题。

课例二：成都嘉祥外国语学校周敏老师在《水分子的变化》一课的教学片段。

周敏老师利用水的分身术制得理想燃料——氢气。氢气为什么是一种理想的燃料呢？教师自主研发了一套制取并点燃氢气的安全装置。在敞口的普通漏斗里点燃氢气，能够较明显地观察到淡蓝色火焰。经过多次实验，漏斗经过特殊处理，选取适当浓度的硫酸溶液，可以很明显地观察到氢气燃烧产生的淡蓝色火焰。

课例三：成都嘉祥外国语学校谭雁月老师在《化学达人秀——二氧化碳》一课的教学片段。

谭老师将教材中的阶梯蜡烛实验重新设计成一组对比实验：即让同学们自主选择想先看高低蜡烛从高到低依次熄灭，还是想先看高低蜡烛从低到高依次熄灭。挑选学生亲自来先、后完成这两个实验，针对实验现象现场提问同学们，同学们讨论后回答，再由完成实验的学生来评价答案和补充答案。当然实验的学生课前要进行专门的培训。借此对比实验，突破理解实际生活中使用二氧化碳灭火的原理，以及正确理解为什么当火灾发生时正确逃生的措施之一是匍匐或贴近地面或墙脚逃出火场，以避免吸入大量灼热和有毒有害气体到体内。这样创新的实验设计对于突破教学重难点非常有帮助。

课例四：成都嘉祥外国语学校谭雁月老师在《化学达人秀——二氧化碳》一课的教学片段。

谭老师协助同学一起用注射器抽取雪碧上方的气体物质通入澄清石灰水中。这样创新地将二氧化碳与澄清石灰水的实验演示出来，更容易让学生体会到化学无处不在，激发他们学习化学的浓厚兴趣，也教给学生一种探究食品包装里的气体成分的实验采集方法——用注射器抽取，潜移默化中培养学生的实践创新能力。

课例五：成都嘉祥外国语学校谭雁月老师在《化学达人秀——二氧化碳》一课的教学片段。

谭老师将二氧化碳溶于水生成碳酸的检验演示，设计成"调制红'酒'"的老师演示实验。将事先准备好的紫色石蕊溶液从红酒瓶里倒入三只红酒杯中，然后，将上一个学生实验（二氧化碳溶于水的软塑料瓶实验）获得的无色溶液倒入其中两只红酒杯中，杯中的紫色石蕊溶液立即变红。调制红"酒"成功。然后，再将变红的一杯红"酒"倒回空的红酒瓶塞紧瓶塞，用力振荡数次，打开瓶塞，放在热水中数分钟取出，再倒回空红酒杯中，与其他两只酒杯中的溶液对照，发现红色变浅或又变回紫色。然后，提出问题：二氧化碳的水溶液中有哪些成分？是什么物质使紫色石蕊溶液变红了？然后，给出四朵紫色石蕊小花、蒸馏水、两瓶干燥的二氧化碳气体让学生利用现有仪器和药品设计实验方案进行探究实验，证明自己的猜想。这样创新地在二氧化碳溶于水的软塑料瓶实验和紫色石蕊小花变色的探究实验之间，增加一个教师的演示实验，能很好地在学生自主设计实验方案、体验探究之前搭建一个梯子，做适当的铺垫，降低探究实验的难度，更符合学生实际的学情需要，更有助于学生的深度学习和高阶思维培养。

三、恰当设置体验性探究实验学习探究的方法

课例一：成都嘉祥外国语学校谭雁月老师在《化学达人秀——二氧化碳》一课的教学片段。

如前面所述，谭老师在做了适当铺垫后，将老师们普遍觉得难度很大的一个引导性探究实验转变成一个学生自主的体验性探究实验。学生根据二氧化碳水溶液中可能含有的成分做了猜想，学会有理有据地进行假设和猜想，不凭空臆想。然后，小组讨论、设计方案，画出草图，实施实验，收集证据，分析交流，归纳总结获得结论。除了大多数学生选择将紫色小花直接浸泡在蒸馏水

中，让老师始料不及以外，其他均在老师的预想范围之内，获得了很好的探究效果。谭老师恰当设置体验性探究实验，使学生在头脑中初步建构出探究实验的基本方法。

课例二：四川师范大学附属第一实验中学薛祥文老师在《化学肥料》一课的教学片段。

在化学肥料的初步鉴别教学时，薛老师创设问题情境：农民伯伯听闻化肥有这么多的功效，于是赶在春天买了6种化肥到家里，不过一个没看住，他家的熊孩子就把所有的标签撕掉了，这可愁坏了农民伯伯。他赶紧找到村里最有文化的老先生薛霸讨教，薛老先生听后不慌不忙，悠悠地说道："望、闻、溶、磨，再用一剂神秘药方即可解你烦恼。"继而设计学生活动，即实验探究薛老先生"望、闻、溶、磨，再用一剂神秘药方"的鉴肥方法，指导学生探究验证的方式，让学生在实验探究验证中学会初步鉴别常见化学肥料的方法。

学生探究初步区分氮肥、磷肥和钾肥的方法："望、闻、溶"，通过实验探究，将已经鉴别出的化肥放到一边，发现还剩下4种化肥有待鉴别。教师提出问题：加什么物质与下列化肥混合研磨可以区分氮肥和钾肥？（强调区分氮肥和钾肥）并说出你的判断依据。学生讨论交流：加碱研磨，可能会有什么现象？事实是否如此？实验之，提醒学生注意药品的取量和分工合作，研磨后互闻。学生实验操作研磨，闻气味。通过研磨实验学生可以学习到铵根离子的鉴别方法是什么，在农业施肥时要注意不要将铵态氮肥与什么类型的物质混用，比如草木灰。盘点一下，研磨之后还有同为铵态氮肥的硫酸铵和氯化铵有待鉴别，以及同为钾肥的硫酸钾和氯化钾有待鉴别，学生交流讨论，再实验验证。

四、巧妙制作化学模型助力学生深度思考，构建模型认知

课例一：成都嘉祥外国语学校周敏老师在《水分子的变化》一课的教学片段。

周敏老师在电解水的实验探究完成以后，组织学生进行小组讨论，用铁盘和彩色磁铁模拟电解水的微观过程。学生通过自己动手模拟变化前后的过程，发现化学变化中分子先破裂成原子，原子再重新组合成新的分子的过程，再以

化学语言描述变化过程，描述的语言更加规范。这样可培养学生的实验动手能力和化学语言描述能力。然后指导学生从分子、原子的角度将水的电解与水的蒸发对比，从而得出化学变化和物理变化的本质区别，突破难点。

课例二：成都嘉祥外国语学校赵微老师在《中考化学中的气压问题的复习探究》一课的教学片段。

赵微老师把学生难以理解和描述清楚的密闭容器中压强变化的问题形象地设置成"生气"和"消气"的模式，使学生立刻就能接受，再与学生一起归纳常见的"生气"和"消气"的化学反应和物理变化。在思维量方面，形象思维、逻辑思维、扩散思维、收敛思维等循序渐进、螺旋上升；在能力量方面，学生在实验上的多方面能力都得到很好的锻炼与提升。

五、增加设计拓展性实验激发学生实践创新

课例一：成都嘉祥外国语学校刘雪梅老师在《质量守恒定律》一课的教学片段。

在学生设计和进行利用碳酸钠和稀盐酸的反应证明质量守恒定律时，有些小组直接在敞口的烧杯里进行，最终天平不能保持平衡。有些小组考虑到气体的生成，改在锥形瓶里进行，并在瓶口套上了装有碳酸钠粉末的瘪气球，但结果天平仍然不能保持平衡。这是为什么呢？这是胀大的气球产生浮力的原因。如何设计改进实验，达到天平平衡的目的？刘老师组织学生进行拓展设计，由于课堂没有更多时间进行实验，刘老师将同学们讨论交流设计出的改进方案，录制成拓展性实验的微课，课后布置给学生学习，拓展学生的实验思维，激发他们实践创新的兴趣。

课例二：成都嘉祥外国语学校谭雁月老师在《化学达人秀——二氧化碳》一课的教学片段。

谭老师讲到日常生活中常常利用二氧化碳来灭火时，增加了一个"吹气生火"拓展性实验。用一小团脱脂棉裹上少量过氧化钠粉末，用饮料吸管对准棉花吹气，学生离远一点，等一会儿，棉花就会燃起来，很快剧烈燃烧，直到棉花燃尽。这个实验主要是想告诉学生，不是所有物质的燃烧都能用二氧化碳灭

火，特定的条件下，二氧化碳还能够助燃。在今后高中的学习中，学生会学到更多有趣的化学知识，这类实验可以保护孩子们学习化学知识的兴趣和热情，达到可持续性发展的目的。

现代教学模式论认为："教学就是环境的创造"。通过该主题的课堂教学研究，锦江区初中化学教师的课堂环境正在发生着深刻的变化，课堂中特别注重实验教学。教师通过实验使学生理解化学的重要概念和重要原理，培养其科学探究能力，促进学生的智慧、情感、人格、素养等生命品质全面发展。

参考文献：

［1］阎乃胜. 深度学习视野下的课堂情境［J］. 教育发展研究，2013（12）：76–79.

力促化学学科核心素养发展的
单元教学实践研究

——以"我们周围的空气"项目式学习为例

　　我国基础教育改革进入了深水区，发展学生学科核心素养就是教育教学的终极目标，素养为本的教学设计才是实现课程标准的最有效方式。依托学科大概念、大情景、大任务或大项目是实现学生学科核心素养形成的有效途径，对初中化学学科来讲，项目式学习就特别有利于发展学生的核心素养，能够促进学生在"做中学""学中做""学中悟"的过程中形成结构化的知识体系，形成解决实际问题的必备品格与关键能力。为此，笔者调研了成都市温江区的教学现状，并就单元教学进行了实践尝试。

一、本区域化学教学现状

　　经过前期听课与教师访谈梳理笔者总结了成都市温江区的教学现状。

（一）教学准备

　　教师能够依据课标、教材和中考要求进行精心备课，但是只能机械地按教材章节分课时分解教学目标进行教学设计，基本没有依据课程标准从学科核心素养视角整体把握一个单元的学习目标。

（二）教学实施

　　教师能够根据教学进度，分单元、分章节、分课时完成教学任务，也有及时的评价和检测，课堂现状就是逐个知识点的了解、识记、理解和应用。但不太注重知识的产生原因、发展和价值，不注重厘清知识的前后联系；由于课时教学设计站位过低，实施中没有以核心素养为统揽，没有以大概念、大情景、大任务或大项目为载体师生一起分解任务，学生的学习过程和评价任务未能完全对应学习目标。总体上讲，教师进行教学设计时不注重寻找知识与生活之间的链接，不注重学习活动的有效设计，学生参与不足，不能实现"做中学""学中做""学中悟"。

（三）教学结果

温江区初中化学教学质量在成都市排位中上，但是近年教师们发现质量"瓶颈"难以突破，许多学校师生做出了很大改变，付出很多时间和精力，但是进步不明显。其结果是教师越教越累，学生越学越苦，但是教学质量并未得到提升。

为了改变这一现状，笔者梳理了近年我国基础教育发展的情况，发现2017年初颁布的普通高中各学科课程标准中凝练了"学科核心素养"，重视以"单元"为核心的教学，利于学科内容结构化、学科知识价值化。在全国各地的基础教育段有许多一线教师进行了尝试和实践，围绕大概念进行单元教学设计已成为当前学科教育的发展趋势和热点。但是这种教学方式究竟效果如何呢？鉴于此，笔者进行了实证研究。

二、实践对象

以温江区成都师范学院附属实验学校初三2班和5班作为研究对象。经调查了解，这两个班有以下共同特点：一是人数相同，都为44人，二是男女学生比例接近，三是班级平均总成绩（八下期末考试）差距不大，四是班级学习氛围都较好，五是化学学科由同一位教师执教。通过第一单元的学习，两个班学生学习化学的兴趣较浓，基本形成了良好的学习化学的习惯。在第一单元学习后的单元测试中，两个班的平均成绩如图1。

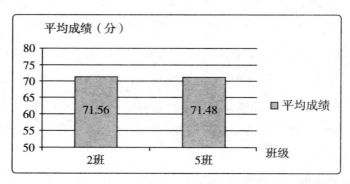

图1　两个班级实验研究前第一单元检测平均成绩

以上事实说明，两个班级学生在进入第二单元内容学习之前各方面情况基本相同，学习起点基本一致。

三、实验研究的方法

（一）对比实验法

在第二单元的学习中，我在2班继续采用传统教学的方法，为对照班级；在5班采用项目式学习的学习方法，为单元教学实验班级。

本文的传统教学方法主要是指按章节、按课时以活动元教学思想为指导先根据课标要求和教材知识点精心进行课时教学设计，主要有学习目标、学习重难点、学习资源、学习评价、学习过程和学后反思等要素，上课时再按教学设计进行活动实施并根据教学实际进行适时调整。这种教学方法主要以讲授为主，师生活动以问答为主要形式，实验以演示为主，针对性指导适时进行。

本文的单元教学方法（项目式学习）主要是指整体性、系统化地进行设计教学。这里的单元指的是教学上的单元，与之对应的是基于一定单元学习目标与主题所形成的教学资源与经验的模块，是一个学习事件，是一个完整的学习故事，是一个学习项目的设计、实施和评价，是一个微课程。单元体现整体思维、系统设计，在单元思想下进行课时设计能很大程度上解决教学中只见"树木"，而不见"森林"的问题，这也是本文中项目式学习的核心思想。

一个教学单元的构成要素至少包括：学科核心素养、教材内容、学生情况、基本结构和单元核心，如表1。

表1 教学单元构成要素明细

要素	内涵
学科核心素养	明确每个单元能够发展学科哪些素养及要达到什么程度
教材内容	明确教材的范围、内容对应的课程标准、知识地位、学习方法、评价任务等，确定单元需哪些"材料"
学生情况	依据不同区域学生、不同层次学生、不同阶段学生的具体情况设计单元，也就是说，单元的确定一定要符合学生的实际，最终至少要让2/3的学生能够达成单元学习的目标
基本结构	指一个单元至少包括名称、课时、目标、情境、任务、活动、资源、评价等要素
单元核心	主要是指一个单元的灵魂，也就是一个单元的主线，具体以大概念、大主题、大任务、大项目、大问题等形式呈现

单元就是将这些要素按某种需求和规范组织起来，形成一个有结构的有机整体。本文对项目式学习进行了实践研究。

（二）数据统计及问卷调查

学生经过一个单元的学习后，教师为了对实践教学效果进行检测，对两个班级第二单元考试成绩进行统计与比较；同时，以问卷调查的形式对学生进行调查，进一步明确项目式学习在初三化学教学中的应用效果和学生的能力兴趣发展状况。

1. 两个班级成绩发展状况

5班在采用项目式学习后，经过一个单元的学习和复习后，在单元综合测试中平均成绩明显比2班高，如图2。

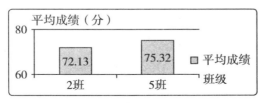

图2 两个班级实验研究后第二单元检测平均成绩

由图2可以看出，两个班级的平均成绩相对变化较大，5班与2班的平均分差距由0.08分变为3.19分。5班学生的学习发展更为良好，这就说明项目式学习对于提高学习成绩是非常有效的。

2. 项目式学习后对5班进行的问卷调查

问卷调查的主要目的是在一个单元的学习之后针对学生对项目式学习的认识及效果等方面进行信息收集。问卷主要包括学习兴趣、学习动机、学习目标、学生思维、学习能力、学习效果等维度。共发出44份问卷，收回44份问卷，有效问卷44份，问卷收回率100%，采用电子表格的方式进行数据统计。具体调研结果如表2。

表2　具体调研问题及结果

题号	题干	选项	选择人数	选择占比
1	你喜欢项目式学习还是常规教学方法？	都喜欢	10	22.72%
		喜欢项目式学习	24	54.54%
		喜欢常规教学方法	10	22.72%
2	在化学学习中你是否喜欢采用项目式学习方式？	很喜欢	40	90.91%
		喜欢	4	9.09%
		不喜欢	0	0.00%
3	在项目式学习中你对化学学习是否更为投入？	不投入	0	0.00%
		一般	5	11.36%
		更投入	39	88.64%
4	项目式学习中学习目标是否明确？	不明确	1	2.27%
		明确	3	6.82%
		很明确	40	90.91%
5	你认为项目式学习对学习成绩的提高有什么样的作用？	很有作用	35	79.55%
		没有作用	1	2.27%
		有一定作用	8	18.18%
6	你认为项目式学习中，自己的参与度是否更高了，思考是否更为深刻？	与原来相当	4	9.09%
		深度参与、深刻思考	38	86.36%
		效果不好	2	4.55%

题号	题干	选项	选择人数	选择占比
7	通过项目式学习，你对知识的理解是否更为深刻？	能记住	15	34.09%
		能理解	10	22.73%
		能运用知识解决现实问题	19	43.18%
8	通过项目式学习，你觉得自己哪方面能力提高最大？	创新能力	8	18.18%
		证据推理能力	20	45.45%
		系统思维能力	16	36.36%
9	你认为项目式学习是否应该在教学中持续进行？	学习更累	6	13.64%
		无所谓	4	9.09%
		继续进行	34	77.27%
备注：5班全体学生参与问卷调查，人数44人。				

（三）数据分析与研究结论

由图2可以看出5班学生成绩更为优秀，学习发展更为良好，这就说明项目式学习对于提高学习成绩是非常有效的。

由上面问卷调查的数据可以看出，喜欢项目式学习方法的学生占54.54%，还有各22.72%的学生分别觉得都喜欢和喜欢传统的学习方式，这种结果对于一种新的教学方法的实验应该说还是让人非常满意的，既增加了老师的信心，也说明还有许多问题值得我们思考和改进；对于其他问题，教师通过与以往经验做比较可以看出绝大部分学生对项目式学习很有兴趣。项目式学习可以提高学生在学习中的参与度，可以让学生更明确学习目标，可以提高大部分学生的学习成绩，使学生对知识的理解更好，尤其是对学生的证据推理能力提高很大，对学生的学习负担增加不是很大（感觉学习更累的只占13.64%，赞成继续采用这种方式学习的占77.27%）。所以我们由教学实践和问卷调查可以得出结论：项目式学习是符合学生学习实际的学习方式，是符合学生学习规律的，利于学生"做中学""学中做""学中悟"，利于学生对知识的理解，利于学生形成解决问题的关键能力，利于学生学科核心素养的形成。

四、对教学实践的总结与反思

下面，我们谈谈实践的具体过程。第一步是学习单元教学与项目式学习的文献，对单元教学和项目式学习有一个基本的、基础的认识后，对初中人教版教材第二单元"我们周围的空气"进行项目设计。

（一）教学实践流程

教师们经过讨论，设计出教学流程，具体如图3。

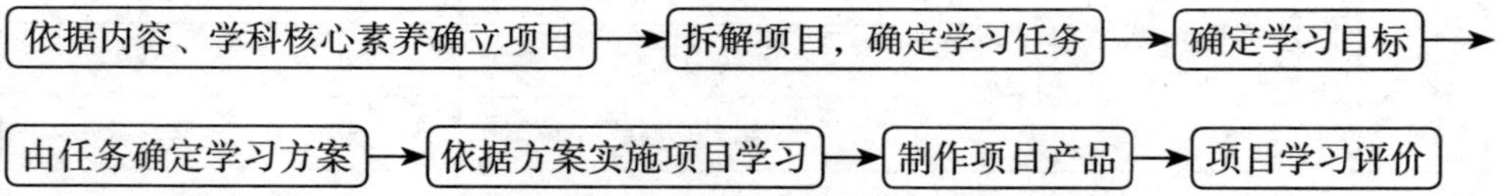

依据内容、学科核心素养确立项目 → 拆解项目，确定学习任务 → 确定学习目标 →

由任务确定学习方案 → 依据方案实施项目学习 → 制作项目产品 → 项目学习评价

图3　教学流程图

流程一：教材上这部分内容包括从26页到46页的"空气""氧气""氧气的制取"三个课题的内容；课标要求是：①说出空气的主要成分，认识空气对人类生活的重要作用；②知道氧气能跟许多物质发生氧化反应；③能结合实例说明氧气的主要性质和用途；④初步学习氧气的实验室制取方法。

流程二：分析这部分知识内容和课标要求可知本单元主要发展学生宏观辨识、证据推理、科学探究这三种学科核心素养。

流程三：由前面的分析我们确定了制作制氧机模型的项目，通过本项目的研究学习最终学生能分小组制作制氧机模型。

流程四：确定学习任务，见表3。

表3　学习任务表

拆解项目理由	项目任务	学习目标	项目成果
生活中氧气主要来源于哪里？	任务一：空气	说出空气主要成分，认识空气对人类的重要性	画出空气这部分知识的思维导图
实验室要获得一定量的氧气，该怎么办？	任务二：氧气制取	探究氧气制取原理，初步学会实验室制取氧气的方法	实验室独立制取一瓶氧气

拆解项目理由	项目任务	学习目标	项目成果
氧气在生活中有哪些用途？分别体现了其哪些性质？	任务三：氧气性质和用途	结合实例说明氧气的性质和用途	分小组制作PPT汇报氧气在生活中的性质和用途
制氧机是心肺病人的福音，那么如何制作一个生活中制氧机的模型呢？	任务四：制作制氧机模型	说出制作制氧机需要考虑哪些核心问题，并能初步制作完成	制作制氧机模型，并展示介绍，进行项目评价

流程五：进一步确定学习目标，分别是：①说出制作制氧机需要考虑哪些核心问题；②说出空气主要成分，认识空气对人类的重要性；③结合实例说明氧气的性质和用途；④探究氧气制取原理，初步学会实验室制取氧气的方法。

流程六：实施项目学习，这里要考虑两个问题，首先是分小组，最好每组4～6人，还要考虑性别、兴趣、个性特点、家庭、成绩、能力等，每个小组最好都能成为班级缩影，发挥各自优势，然后是教师作用，在整体过程中教师的主要作用是指导小组分工、合作和协调完成任务，指出学生考虑不周的方案，师生一起调整、完善项目学习方案。

流程七：制作项目产品，一是提供材料（也可自行查阅）画出制氧机工作原理示意图，二是分析制作需要考虑哪些核心问题，三是考虑需要哪些材料，四是画出产品装置简图，五是编制制氧机使用说明，六是阐述设计创意，七是制作制氧机模型。

流程八：发布产品（项目成果），组内同学互相帮助，团结协作，整合信息，制作PPT，交流展示。

流程九：项目学习评价，在相互评价中学习，形成知识体系，明确学习的意义，对于无法顺利解决的问题还可以形成新项目，使学习进一步完善和升华。

（二）项目式学习教学实践

项目教学具体内容的课时安排如表4：

表4　课时安排表

任务	课时数	内容
任务1：空气	2课时	课时1：空气是一种重要资源和保护空气
		课时2：空气的组成及混合物、纯净物概念
任务2：氧气制取	3课时	课时3：实验室氧气制取原理、分解反应和探究过氧化氢分解中二氧化锰的作用
		课时4：高锰酸钾制取氧气的实验步骤和注意事项
		课时5：制取氧气分组实验及相关知识
任务3：氧气性质和用途	1课时	课时6：氧气的性质、用途和化合反应、分解反应
任务4：制作制氧机模型	2课时	课时7：分小组画工作原理示意图，分析制作时考虑的核心问题、需要的材料和产品装置等
		课时8：发布产品和项目评价

这样的安排与原有的实际教学时间基本相当。通过问卷调查及教学实践信息收集，明显感觉学生对学习兴趣更浓，学习更为投入、更为主动，在分工合作、相互学习中得到较为充分的发展，学习目标更为明确。在单元检测中，采用项目式学习的班级的平均分比同层次、同水平班级高3.5分左右，关键是在考查能力的试题中采用项目式学习班级的学生具有明显优势。这就证明项目式学习更为符合学生的学习规律，更能促进学生学科素养的发展，有利于"做中学""学中做"和"学中悟"，有利于学生解决现实问题能力的提高，有利于学生思维品质的提升。

（三）项目式学习设计模型

教师们通过有关单元教学与项目式学习的理论学习并结合本单元的教学实践，经过反思和反复讨论，最终萃取出了初中化学项目式学习的设计模型。

设计模型是"1+X+Y"。"1"是指本单元要发展的宏观辨识、证据推理、科学探究学科核心素养；"X"是指情境创设，体现学习是真实的、有价值的，我们采用制氧机给人类健康带来福音作为情境引入（视频、数据、表格等综合呈现），从而引发学生的学习热情，顺势引入学习的内容；"Y"是指学习的任务，这是最难的部分，相当于项目引导，要一步一步层层设问让学生把项目拆解成一个一个的任务。比如初中人教版教材第二单元"我们周围的空气"这部分内容，就是以制作制氧机模型为项目，师生一起将其拆解成空气、氧气制取、氧气性质和制作制氧机四个任务。当然，设计模型比较宏观，主要是搭建项目的基本框架，为项目的具体设计定方向。

（四）实践反思

下面谈谈单元教学实践给我们带来的一些思考，希望可以进一步明确我们教学的努力方向，为自己的教学实践坚定信心。

在项目式学习的学习过程中，在教师引导下学生拆解项目变成一个一个的任务，再合作完成一个一个任务，既提高了学生学习的主动性，又加强了学生间交流、沟通、合作和分享的意识，最终让学生逐步形成有序的解决问题的一般思路和方法。在这个过程中学生习得了知识和方法，同时发展了学科核心素养，形成了严谨的科学思维和做事的态度。通过制氧机制作项目学习，学生对生活更加关注，懂得了氧气在生活中的重要作用和用途。在项目学习中通过化学实验等活动学生发展了科学探究、证据推理、宏微辨识和创新精神等学科素养，也明白了化学来源于生活、服务于生活的道理。将真实、复杂、有挑战性的问题拆解，在解决问题的过程中，形成结构化、系统化、功能化的知识体系，这符合学生的心理特点和学习规律，因此单元教学值得借鉴和推广。

参考文献：

[1] 中华人民共和国教育部.义务教育化学课程标准（2011年版）[M].
北京：北京师范大学出版社，2012.

[2] 周业虹.实施项目式学习发展学科核心素养 [J].中小学教师培训，
2018（8），33–37.

[3] 侯肖，胡久华.在常规课堂教学中实施项目式学习：以化学教学为例
[J].教育学报，2016，12（4），39–44.

[4] 孔德靖，姜润飞，李鹏.项目式学习在初三化学教学中的应用实践
[J].中国教师，2019（10），100–101.

教学实践

"情境－素养－技能"三线融合的
"活动元"教学

——以"利用化学方程式的简单计算"为例

一、理论基础

（一）教学现状分析

本课例内容是人教版九年级化学上册第五单元课题3"利用化学方程式的简单计算"，是在学生学习了相对原子质量、化学式的相关计算、质量守恒定律以及化学方程式等知识的基础上，进一步学习化学中的定量计算。通过本课题的学习，要求学生能够通过一定量的反应物求出生成物的质量，以及要得到一定量的生成物需要多少反应物。由于只涉及纯物质的计算，知识本身难度并不大。因此，本节课的关键在于引导学生自己积极思考、主动参与完成从定性到定量过程的转换；通过对计算过程中解题步骤和格式的严格要求，培养学生一丝不苟的科学态度；结合生活实例让他们体会化学计算在生产、生活中的实际意义。

存在的问题：在传统课堂中，"利用化学方程式的简单计算"这一课题往往采用教师示范、学生模仿、反复练习的教学策略，让学生对于化学计算技能形成一种强制性的、暂时性的熟练，而缺乏从学科素养的角度形成深层的理解，没能将前期学到的化学学科的重要原理"质量守恒定律"与计算相联系。加之选取的计算实例往往脱离日常生活，不能体现化学学科与实际生活的紧密

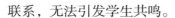

联系，无法引发学生共鸣。

（二）设计思路与创新点

1. 突出学科素养，习得学科技能

化学计算题从"量"的角度来反映物质及其变化规律，包括化学和数学两个因素，化学知识是计算的基础，数学是化学计算的工具。从课题名称"利用化学方程式的简单计算"中"简单"二字我们便能看出，化学计算的重点并不在数学运算上，而在化学知识上。如果化学方程式中反应物、生成物的化学式写错，或者没有根据质量守恒定律正确配平，必然会导致计算的错误。只有理解了建立在化学基本概念、化学基本原理基础上的各种化学符号语言所表示的"质"和"量"关系，才能依据条件选择适当的关系进行计算。学科素养线的第一步，即建立质量守恒定律的观念，为计算打好基础。为避免将计算过程强加于学生让其生搬硬套，于一开始设计了一个有关氢气燃烧反应原理的问题，让学生在解决问题的过程中，体会计算的依据，从而帮助他们理解计算的步骤与过程。在授课中，改变"填鸭式、满堂灌"的教学方法，多采用提问、讨论、演示、练习等多种方式，参考"丰田教学模式——技能训练标准"，设计采用"讲解、演示、试做、纠正、练习"五个技能训练环节，加强化学计算能力的培养。

2. "活动元"教学设计，生活情境贯串始终

本课例是基于"活动元"的教学设计，活动元是指在教学中为完成某一学习任务中的一个或几个子任务而进行的相对独立的学习活动。教师在进行教学设计时，提取自己活动元模式库中的活动元模式，根据教材特点、教学资源情况、学生实际等因素进行活动元设计，再将一个或几个活动元有机组成课堂活动方案，这个过程即为活动元教学设计。本课题采用活动元教学设计，设计了三个活动元来实施教学。

教学设计基于化学计算用于解决生产生活的实际问题以及"绿色出行"的环保理念，以小姜一家在车展上购买了一辆氢能源汽车并驾驶汽车外出旅行的生活情境线贯串始终，同时与上述"学科素养线"和"学科技能线"融合，利用现实情境巧妙地实现了"三线"融合，使学生始终跟随情境来解决问题，获得知识。

3. 技术手段有效、真实，有助于提高课堂效率

在传统课堂上，"利用化学方程式的简单计算"只能选派个别学生到台上书写展示，教师获得的学生呈现数量很少，平板拍照上传这一功能将教师与学生"一对多"的模式转换到了"一对一"高效模式，使教师能够监测到每一位学生的掌握情况并有针对性地进行评价。利用手机和平板拍照上传展示，实现了学生学习成果的可视化、分享化，也便于全体学生间的互相评价。利用现代教育技术手段，如视频、音频的加入实现了创设情境的的生动性、有效性和真实性，同时提高了课堂教学效率。

二、教学流程概述

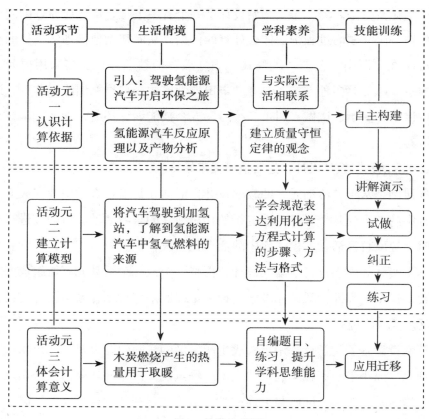

图1　教学流程图

三、主要教学活动设计

【引入】

创设情境：教师现场展示氢能源汽车模型，引发学生关注和好奇，表明氢能源汽车早已问世，引出小姜一家在车展上购买了一辆氢能源汽车开始了环保之旅。

图2　氢能源汽车模型

【任务1】认识计算依据

师：为什么说小姜他们驾驶着氢能源汽车是一次环保之旅呢？

生：氢气燃烧的产物只有水，无污染。

师：完全燃烧2 kg氢气，消耗的氧气和生成的水的质量分别是多少呢？小组讨论，将你们的分析过程记录在导学案上。（通过手机拍照，上传最先得到结果的小组的分析过程，并请小组代表上台分享交流。）

生：要解决这个问题，我们需要先写出这个反应的化学方程式，然后用系数乘以它们的相对分子质量，找到三种物质的质量比，根据其中一种物质的实际质量，其他物质的质量按比例关系就可以全部求出。

师：看来同学们都同意这组同学的结论。让我们再一起梳理一下这一过程：

（1）正确写出反应的化学方程式。

（2）找到物质间的质量比，即：计量数乘以相对分子质量之比。

（3）利用正比例关系，根据已知质量，求出其余物质的质量。

师：通过此化学方程式，你能获得哪些"量"的信息？

生：每两个氢分子和一个氧分子反应生成两个水分子。每4份质量的氢气和32份质量的氧气恰好完全反应生成36份质量的水。

师：能否不乘以化学计量数呢？

生：不能，如果不乘以系数，则不满足质量守恒定律，计算结果出现错误。

师：恭喜同学们，成功找到了计算的根本依据，即质量守恒定律。

【任务2】建立计算模型

（过渡）师：同学们通过解决以上问题，已经顺利地找到了化学计算的根本依据，即质量守恒定律。除了能够正确计算出答案，化学计算还有规范的书写要求。接下来，请同学们自学教材例题一，了解计算步骤，并试着在每一步圈画一个关键字来帮助记忆。

教师引导，学生交流，共同构建利用化学方程式计算的模型，即六步：设（设未知数）、方（正确书写化学方程式）、量（找准系数，乘以相对分子质量；标出已知量、未知量）、比（写出比例式）、求（求解比例式）、答（简要作答）；再通过课堂微课，学习例二，巩固计算步骤与格式，了解计算过程中可以简化的地方。

回归情境：通过刚才的学习，我们已经知道利用化学方程式进行简单计算的步骤与格式。让我们再回到小姜的旅途中，看看他们去了哪儿。

（视频：小姜一家驾着车来到了位于郫都区的加氢站，从加氢站的工作人员处得知，加氢站的氢气主要是通过电解水的方式得到的。）

师：现在小姜一家需要给汽车加入4 kg氢气，请问需要电解的水的质量是多少？请同学们结合例题，独立完成解题过程。

（任意选择一名学生到黑板上书写解题过程，其余学生写在自己的导学案上。教师通过手机拍照进行记录。）

师：让我们先来点评黑板上这位同学的计算过程。

（教师展示平板上传的2份学生解题过程。）

（通过黑板书写和上传的展示，发现同学们都完成得不错。）

师：接下来，就请小组成员间相互交换批改，交流并分享在解题过程中值得注意的地方。

生1：设未知数时，未知数x不能带单位；要正确书写化学方程式，准确标出"↑"；

生2：已知质量和结果要带上单位；

生3：要写"解"；

生4：要正确配平，遵守质量守恒定律。

【任务3】体会计算意义

（过渡）师：通过练习，我们不仅巩固了化学计算题的解题步骤与格式，还成功地帮助小姜一家解决了加氢的问题。此时的他们又驾着车去了哪儿呢？我们一起来看。

回归情境：小姜一家驾着车一路西行，沿途风景美不胜收，叫人目不暇接。不知不觉，天色逐渐暗了下来，他们找到一处露营地停好了车，拿出准备好的木炭，生火取暖。

师：请同学们写出木炭完全燃烧的化学方程式。现已知木炭有3 kg，请同学们根据已知条件，自行编制一道有关木炭完全燃烧的计算题。

师：按照书写工整、清楚简洁的编写要求，我们先来评价一下老师展示出的这四道题目。

（教师手机拍照，收集学生编制的题目并展示。）

生1：第一份题目缺少质量条件，无法计算；

生2：题目2和3都是正确的题目，但是从语言简洁这一点来讲，题目3更符合要求；

生3：在已知木炭质量的情况下，通过化学方程式我发现还能够计算消耗的氧气的质量，题目4也符合要求。

师：现在我们分组进行计算，一、三组同学完成题目3，二、四组同学完成题目4。同学们再次观察已知的木炭质量与求解出的二氧化碳和氧气的质量，你发现了什么？

生：木炭与氧气质量之和等于二氧化碳的质量，即遵守质量守恒定律。

（教师展示学生完成情况。）

（教师点评本节课表现最好的小组，总结课堂内容。）

四、教学评价与反思

在现代教育技术的帮助下，该课例通过巧妙的设计，成功地将"生活情境线、学科素养线、技能形成线"进行了融合，通过解决实际问题，调动了学生学习的主动性和积极性，提高了课堂实效；通过手机拍照、平板拍照上传，直观地呈现了学生课堂学习成果；通过师生间、生生间的互相点评，促进了课堂生成，增进了师生、生生亲密关系，让课堂更加和谐融洽。

本课例通过创设生活情境的方式层层递进，通过情境始终抓住学生的注意力，是一种很好的方式。能否将所有的内容都设计成一个大的情境，让每节课都解决这个情境中的某一个问题，将初中化学课堂真正实现生活化，也值得所有化学教师思考。

参考文献：

［1］中华人民共和国教育部.义务教育化学课程标准（2011年版）［M］.北京：北京师范大学出版社，2012.

［2］王宝斌.可计量化学计算：教学策略与案例评析：以"依据化学方程式的计算"为例［J］.中学化学教学参考，2018（1）：9-12.

［3］杨玉琴.化学计算的学科本质及其教学［J］.化学教育，2013（10）：6-9.

［4］韩旭.引进"丰田教学模式"培养技能型人才［J］.辽宁高职学报，2005（4）：158-160.

［5］王锋，傅兴春.活动元教学设计研究及应用的文献综述［J］.中小学教学研究，2016（12）：3-6.

用实验给学生插上创新的翅膀

——《实验室制取二氧化碳装置改进与创新》课堂教学实录与反思

一、学习目标

（1）在学会使用固体与液体不加热反应制取气体的实验装置基础上，理解固体与液体分离使反应停止的原理，并运用原理进行实验装置的改进与创新。

（2）通过实验装置改进与创新的引导，提高学生化学实验的基本技能，培养学生创新实验的能力。

（3）通过装置的改进与创新的引导过程和体验，促进学生创新精神的形成，提高创新的自信心。

二、实验仪器

除引导用二氧化碳发生装置外，无确定性装置。

三、教学意图

在学习二氧化碳制取装置时，学生已经初步具备选择实验仪器，并设计组装装置的能力。再通过固体与液体反应制取气体的反应过程中，固体与液体一旦分离反应即可自动停止的原理，围绕着固体和液体分离过程和效果，让学生自己提出实验仪器、装置的改进与创新创意，并在此基础上通过课堂延伸出来的课外活动，进行实验仪器的改进与创新制作。

四、教学实录

师：同学们，二氧化碳的制取选用固体与液体反应不加热装置，装置可以选用试管作发生容器，请看如图1所示的装置。

师：如果我想制取更多的二氧化碳，那试管可以改成什么容器呢？

（学生阅读教材，查找容积大于试管的仪器。）

生：锥形瓶、平底烧瓶、烧杯、集气瓶。

（学生自发议论得出两个容器：锥形瓶、烧瓶。）

图1

师：那请模仿试管的装置，画一画，行吗？

（教师展示学生画的装置，如图2。）

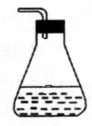

师：那请同学们思考一下，这两组仪器有什么缺点呢？

师：缺点在于不能控制反应进程。比如实验完毕后，想让反应停止，但固体和液体继续接触反应，直到一种药品消耗完毕。这样既浪费药品，又浪费时间。我想改进装置，在不想反应发生时，就能达到固液分离效果，使反应停止，可行吗？

图2

（学生好奇、并议论纷纷。）

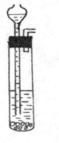

师：我们利用长颈漏斗、试管和锥形瓶设计如图3所示的装置，利用气压的变化，就有可能达到我们分离固体和液体的目的。

图3

（演示实验，学生们能很快发现，反应依然在进行。）

师：这两套改进装置，又有什么缺点呢？

生：液体并没有完全压回长颈漏斗，固液分离不彻底。长颈漏斗上面圆球的容积太小，液体会溢出来。

师：十分好。玻璃在高温下，可以改变成任何形状。我们可以让玻璃工人把长颈漏斗上部容积做大，来解决问题。只要有草图，玻璃工人可以改变同学们的任何装置外形。你能设计一套装置，用来解决固液分离不彻底的问题吗？

（学生议论纷纷，相互交流。）

生：可以这样，长颈漏斗下端再下去点就好了，那我们就把锥形瓶下面做个小尖尖，液面就下去了，完全分离。（图4）

图4

（学生在黑板上画出了草图，并骄傲地表述着。台下气氛高涨的同学们一边认同，一边举手。举手的分两类人，一类想立刻展示自己与他不一样的杰作，另一类则是想立刻指出这套装置的缺点。）

生：这样的仪器可以做，但放不稳啊？

生：试管放不稳都可以用试管架和铁架台，我们也可以做一个台子啊！要不放在塑料泡沫上如何？（图5）

图5

师：同学们，创新需要我们有天马行空的、不受限制的思维想象。我们提倡画出最奇形怪状的蓝图。但真正的工业设计与实施，还需要考虑到更多细节，比如装置的逻辑原理和优势，材料的得来与加工，生产与价值成本的合理性，等等。对创新进行改进的过程，也是一种创新，也值得大家尝试。接下来，我们让更多的同学展示他们的产品或者改进。

（学生展示更多的设计图。）

师：我发现，同学们的改进大多都是对锥形瓶模式的改进。（图6）

师：为了打开思路，给大家展示一下另一位同学的设计。有人提出：固液完全分离的装置，可以用增加固体高度来达成，所以设计了一个这样的装置。（图7，图8）

（学生赞不绝口，并又一窝蜂开始设计隔板风格的装置。）

图6

图7

图8

生：老师我喜欢用集气瓶代替锥形瓶，更稳重，更漂亮。

师：你真有乔布斯的理念啊，你可以画你想要的仪器。

（在各种表扬、赞美和引导下，学生开始努力设计更多的装置。）

生：为什么偏要用气压呢？能不能手动停止反应呢？

师：可以呀，只要实用与方便，你们都可以尝试一下呢。

生：那我想这样……（图9）

生：不行，你的小隔板好悬，固体放不稳，用个小药瓶吧，塑料的，戳上些小孔。

生：好强，试管里放小药瓶。（图10）

生：试管换成集气瓶吧，大号的。（图11）

（同学们议论开了，不时有人举手，不时又有人反对，不时又有新创意产生。）

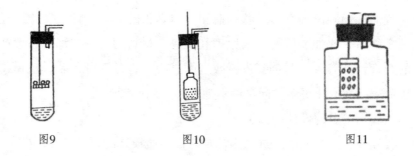

图9   图10   图11

师：看来同学们收获很多啊！老师也给大家再展示几个教师的作品（图12），给大家借鉴。

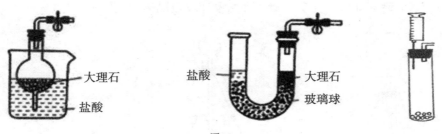

图12

生：真是好设计啊！真厉害啊！

师：大家能有更好的设计吗？

生：我觉得我有一个更好、更简单的设计。

师：咦？画给大家看看呢！

生：画好了！（图13）

图13

师：这是怎么回事啊？

生：方格中有网格，固体放在网格上，液体在网格下。要反应就倒过来，想停止就翻回去。

（全班同学和老师都鼓起掌来。）

师：这是我上这节课很多次，听到的最简单、最有创意的设计。大家觉得怎么样？只需要这个创意，就值得大家为他鼓一次掌。

生：有问题，老师，他这个从哪里放药，从哪里导气啊？

生：我还没有想好，还有很多细节好像很难设计！

师：非常好！大家都可以帮忙完善这个创新的作品。我很希望能看到一个实物产品。如果我们真的有发明专利，那我们就要有确实可推广的产品。我们在课堂上收获了这么多的蓝图，能实施吗？能变想象为现实吗？有信心在实际操作中解决更多困难吗？我希望在课外时间，有同学能实施并完成他们自己的作品。

五、课后反思和延伸

课堂内容就这样短暂地结束了，留下学生无限的创意、信心和热情。我带领学生认真地在第二课堂，把他们的产品进行了实施：为了能烧制锥形瓶下的小尖尖，我们用酒精喷灯一连烧坏了几个锥形瓶。在同学们都表示受热不均很难完成时，我联系了一个玻璃加工作坊。我带领学生参观了烧制玻璃的过程，并真正完成了锥形瓶的改造，学生们都兴奋至极。

手动提拉小药瓶的改进装置进展顺利，效果很好。

而最有创意的重力方格，也在同学们的火眼金睛下，找到了材料，给予了实施。虽然最终产品并不漂亮，离我们设想的美好画面有距离，但我同样给予表扬，同学们说"可比启普发生器漂亮多了！它是我们自己创造的智慧结晶嘛！"同学们都会心地笑了。

本课最大的亮点，是让学生参与设计。在原理用实验展示完成后，运用原理，改进装置，创新装置，这比老师死讲道理，见题记装置，要有效得多，深刻得多。课堂的形式也可以以小组合作为背景，学习与实践结合，真正做到学以致用，素质为先。

在课堂中，有些操作引导可以商榷：比如学生先创新一些装置，再集体分小组改进这些装置，还是创新一个，改进一个。我在这节课的设计环节中，是边创新，边改进，边引导，学生参与度高，但讨论时需要强化管理，防止放出去，收不回来。

最后不得不提，课下第二课堂的实施是十分重要，一定要做的环节。一是让学生真正感到设计创新是需要实际操作的，离我们不远，以增强信心，加强兴趣。二是让学生感知为人做事的风格：不纸上谈兵，实事求是，做行动的巨人。这对学生成长成人都有很大帮助和鼓励。

创新实验说明：

本实验基于课堂过程使用，所以实验说明附在课堂实录之后。

装置一：带小尖锥的锥形瓶。来源于对基本锥形瓶装置的改进。目的是降低长颈漏斗下端的高度。漏斗低端越低，液体液面最终也就越低，也就有机会达到固液完全分离。锥形瓶放不稳的问题，可以用塑料泡沫做平台解决。装置在改进过程中有难度，普通喷灯预热效果不好，容易炸裂，建议改进时选择专业的玻璃加工为技术支持。

装置二：广口瓶配小药瓶。手动固液分离装置。固体药品放在小药瓶中，药瓶壁的小孔用于液体药品的进入。广口瓶中盛装液体药品。需要反应时放下铜丝，反应停止时拉上铜丝。外形美观，材料较易收集。类似风格和材料的装置较多，可灵活组装。

装置三：重力盒子发生器。盒子本身最好是透明材料，又需要在内部镶入网状材料，所以选择酸碱盐导电实验的盒子，装好网状材料后把两个盒子对接，并用蜡封防止漏气。设计中在盒子表面钻了导气管的位子，既是气体的出口，也是药品的装入口。装入药品时，先用漏斗装入液体药品，量不能太多（倒置时不能漫过圆出口），正确放置后，再装入固体药品。发生反应时需小心倒置，切勿过快与摇晃。

图14　实验改进与创新仪器实物

基于"切拼教学法"的教学设计

——以"燃烧与灭火"为例

一、理论基础

  "燃烧与灭火"属于课标中的第五部分"化学与社会发展"中的化学与能源和资源的利用部分的内容。新课程改革提倡化学教学实行STS教育，强调教师把真实的情境引入课堂，学生能把所学化学知识运用到实际生活中去。学生学习本课之前已经有了一定的化学知识积累，对燃烧的现象也有一定的了解，对学习特别是实验探究有浓厚的兴趣。本课在设计上注重从学生已有的经验出发，让学生从生产、生活实际中发现和提出问题，使学生通过观察实验、进行探究、分析总结得出结论，再创造条件让学生亲自完成灭火的实验探究，使学生在实验中提高学习的兴趣，从而能用燃烧条件和灭火原理解释一些日常现象和解决生活中的问题。本节课采用"切块拼接"的教学方法，将"学生为主体，教师为主导"这一理念落实在课堂教学中，效果良好。

二、教学流程

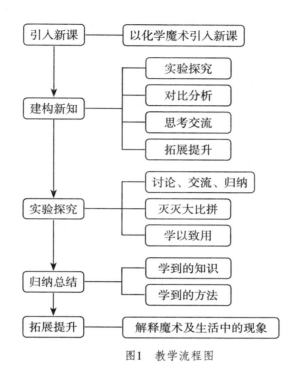

图1　教学流程图

三、主要教学活动设计

【引入】

从化学魔术"烧不坏的手帕""水中生火"引出课题。

【任务1】活动一：实验观察、思考交流燃烧的条件

活动目标：通过观察教师的演示实验，对比研究，认识燃烧所需要的三个条件。

1. 演示实验（将教材中的实验加以改进，以减少对教室的污染）

实验一：将装有白磷和红磷的试管同时置于80 ℃热水中；

实验二：烧杯内装有80 ℃热水，放入一小块白磷，将装有白磷的试管置于热水中。

2. 对比分析，完成导学案

表1 对比分析表

	试管中的红磷	试管中的白磷	热水中的白磷
是不是可燃物			
是否与氧气（或空气）接触			
温度是否达到着火点			
物质是否燃烧			

3. 思考交流，得出结论

燃烧的条件：

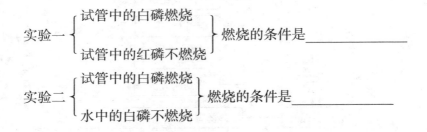

实验一 {试管中的白磷燃烧 / 试管中的红磷不燃烧} 燃烧的条件是＿＿＿＿＿＿＿

实验二 {试管中的白磷燃烧 / 水中的白磷不燃烧} 燃烧的条件是＿＿＿＿＿＿＿

4. 拓展提升：揭秘水中生火

【任务2】活动二：实验探究灭火的原理和方法

活动目标：能根据燃烧的条件及实验，认识灭火的原理和方法，并解决生活中的相关问题。

1. 讨论交流归纳

从破坏燃烧条件的角度出发，讨论得出灭火的原理。

2. 灭火大比拼

活动要求：用尽可能多的方法熄灭一支蜡烛。

1号同学用"隔绝氧气"的原理。

2号同学用"使温度降到着火点以下"的原理。

3号同学用"清除可燃物"的原理。

（提示：碳酸钠与稀盐酸反应会生成二氧化碳气体）

每组各派两名同学去其他两组讲解和学习交流。

3. 学以致用

观看视频，说出视频中涉及哪些灭火方法和原理。

【任务3】活动三：归纳总结，学以致用

活动目标：能用燃烧的条件和灭火的原理解释和解决问题。

1. 归纳总结

（1）归纳你学到的主要知识。

（2）归纳你用到的学习方法。

2. 解决问题

揭秘"烧不坏的手帕"。

3. 拓展提升

点燃两根木条，一根正放，一根倒放，观察现象并分析。

四、教学反思

本节课我采用演示实验（将教材中的实验加以改进以减少对教室的污染），让同学们通过观察、分析、总结得出燃烧的条件，接下来让学生分组讨论得出灭火的原理，然后采用"切块拼接法"让组间同学充当老师来讲解灭火的方法及原理。在整个教学过程中，我始终把学生放在第一位，学生观、学生思、学生做、学生讲，充分调动每个学生的积极性，让每个学生都参与到课堂学习中来，效果良好。

基于"虚拟实验"的教学设计

——以"厨房里的化学灭火原理及方法"为例

一、学习目标

（1）通过课前厨房小实验，分析探究灭火的原理。

（2）通过观看高清视频，探究面粉燃烧、爆炸的原理。

（3）通过3D虚拟实验和改进实验，体验常用灭火器的灭火原理。

（4）通过VR体验、视频观看，学会灭火、火灾逃生的方法。

（5）通过课堂检测，及时反馈评价学习效果。

二、学习重点

火灾逃生的应对措施。

三、学习难点

灭火器的原理和使用方法。

四、学习过程

（一）课前学习

家庭小实验：

利用厨房里的玻璃杯、苏打粉、白醋和
蜡烛完成在不同条件下的燃烧实验。

图1　家庭小实验

（1）点燃三支蜡烛，在其中一支蜡烛上扣一个玻璃杯。

（2）将另外两支蜡烛分别放在另外两个玻璃杯中。

（3）向一个玻璃杯中加适量的苏打粉，然后倒入白醋，观察现象并记录。

（二）课中学习

表1　活动一：燃烧与爆炸——高清视频展示面粉的爆炸实验

时间	活动形式	活动过程及结果
0.5 min	引入课题	观看视频，提出问题
1 min	复习旧知 引出新知 自主学习	知识回顾：燃烧需要什么条件？面粉会燃烧吗？ 思考：什么是爆炸？它与燃烧有什么区别？ 阅读教材：教材132页第二自然段 总结：爆炸的定义
4 min	观察现象 梳理原理 分析原因	观看视频：面粉的爆炸实验 完成学案： （1）实验现象：_____ （2）实验原理：_____

表2　活动二：灭火原理——3D虚拟实验与改进实验

时间	活动形式	活动过程及结果		
2 min	结合实验 归纳原理	探究分析：结合厨房小实验现象，探究分析灭火的原理。		
			现象	分析
		厨房小实验Ⅰ	蜡烛一段时间后熄灭	
		厨房小实验Ⅱ	蜡烛继续燃烧	
		厨房小实验Ⅲ	蜡烛一段时间后熄灭	
8 min	实物展示 自学原理 模拟操作	观察实物：展示常见灭火器 阅读教材：教材P130探究2 模拟操作：利用3D虚拟实验完成水基型灭火器的实验探究		
3 min	演示实验	观察实验：简易灭火器改进实验 优点： （1）装置简单，制作简便。 （2）药品用量少，节约药品。 （3）装置密闭性好，危险系数低。 （4）操作简单，现象明显。	吸管 浓盐酸 饱和的碳酸钠溶液	

时间	活动形式	活动过程及结果
3 min	阅读自学 分享交流	阅读教材：教材P131表7-2 分享交流：灭火器的类型、灭火原理、使用方法和范围

表3 活动三：灭火方法及火灾逃生——VR模拟灭火方法与视频逃生演练

时间	活动形式	活动过程及结果
10 min	VR模拟	尝试体验：VR模拟厨房里的三种常见危险情境的正确处置方法 交流分享：厨房里若出现下列情境，你怎样做？ 油锅着火后，灭火的方法是 ＿＿＿＿＿＿＿＿＿＿＿＿＿＿＿＿＿＿ ＿＿＿＿＿＿＿＿＿＿＿＿＿＿＿＿＿＿＿＿； 电器着火后，灭火的方法是 ＿＿＿＿＿＿＿＿＿＿＿＿＿＿＿＿＿＿ ＿＿＿＿＿＿＿＿＿＿＿＿＿＿＿＿＿＿＿＿； 煤气漏气的处置方法是 ＿＿＿＿＿＿＿＿＿＿＿＿＿＿＿＿＿＿＿＿ ＿＿＿＿＿＿＿＿＿＿＿＿＿＿＿＿＿＿＿＿＿＿＿
2 min	逃生演练	观看视频：真实情境的火灾现场逃生演练 交流分享：如果你家遇到火灾，应该怎样做？

表4 活动四：课堂检测——评价总结学习效果

时间	活动形式	活动过程及结果
4 min	当堂检测 反馈评价	课堂测验： 1. 如图所示，实验室模拟粉尘爆炸实验。连接好装置，在小塑料瓶中放入下列干燥的粉末，点燃蜡烛，快速鼓入大量的空气，肯定观察不到爆炸现象的是（ ） A.镁粉　　　　B.面粉　　　　C.煤粉　　　　D.大理石粉 2.下列厨房灭火的方法，不恰当的是（ ） A.油锅着火用锅盖盖灭 B.微波炉着火立即断电 C.发现煤气泄漏，立即打开吸油烟机排气 D.电饭煲自燃用灭火器灭火

时间	活动形式	活动过程及结果
4 min	当堂检测反馈评价	3. 2020年11月9日是第30个全国消防安全宣传教育日，主题是"关注消防，生命至上"。下列有关防火、灭火的做法，不正确的是（　　） A. 油锅起火倒入蔬菜 B. 在山林中遇火灾时，尽量向顺风方向奔跑 C. 可用二氧化碳灭火器扑灭图书、档案、贵重设备、精密仪器等物的失火 D. 酒精灯失火用湿抹布盖灭 4. 防火安全重于泰山，每个公民掌握一定的消防知识很有必要。下列消防安全措施中正确的是（　　） A. 用打火机检查液化气罐是否漏气 B. 家用电器着火立即用水浇灭 C. 室内起火时马上打开门窗通风 D. 厨房煤气管道漏气，迅速关闭阀门并开窗通风 5. 每年5月12日是我国的"防灾减灾日"，以下有关火灾现场处理方法错误的是（　　） A. 身上着火不可乱跑，要就地打滚使火熄灭 B. 用水浇湿毛巾或衣物，捂住口鼻，低姿行走到安全通道 C. 人员被火势围困在高层建筑时使用楼内电梯撤退 D. 逃生路线被火封住，应退回室内，关闭门窗，向门窗浇水，发出求救信号 讲评：_____ _____
1 min	归纳小结	_____ _____

（三）课后学习

（1）了解火灾时的自救方法，以及不同原因造成的火灾的灭火方法。

（2）了解几种灭火器的使用方法，并调查学校、商场、住宅等配备了哪种灭火器，阅读使用说明，了解使用方法和适用范围。

（3）根据自家住宅的特点，设计预防火灾的方案（包括万一发生火灾需采取的措施）。

基于"研究性学习"的教学设计

——以"空气"第二课时为例

一、设计背景

笔者将初中化学"空气"这一课题进行深度挖掘，以研究性学习的方式开展活动，从学生学习生活中提炼活动的情境素材，在讨论活动案例设计要素的基础上，构建活动实施模式。旨在基于真实的情境，让学生从中发现真实的问题，对问题实施真实的探究，从而获得隐藏于真实问题背后的知识，同时生成"真能力"和"真智慧"，促进学生实现真实的发展，使培养学生的创新精神和实践能力的要求，提升学生综合运用知识分析问题、解决问题的能力，提高学生科学素养的教育理念真正落到实处。

人教版初中化学九年级上册第二单元"空气"这一课题最容易被忽视的就是第二课时，其包含内容少、难点容易突破，很多老师甚至觉得学生自学都没有问题。这样的一个课题用一节课的时间显得太浪费，所以往往是一带而过。我认为化学学习过程中不仅要有知识的传授，还需要培养学生的核心素养，即学生在化学认知活动中发展起来并在解决与化学相关的问题中表现出来的关键素养。这一课题正好能提供一个很好的切入点。再者，学生刚接触这一学科，兴趣点正是与生活相关的实验教学。我一直推崇降低化学实验的门槛，尽量利用身边的普通用品进行化学实验。综上所述，我大胆将这一容易被"忽视"的课时结合时下的雾霾等热点问题，设计为研究性学习活动，让学生把时间用在课前，在课堂上把舞台让给学生，教师给予必要的指导，让学生充分展示自我。研究性学习设计思路如图1：

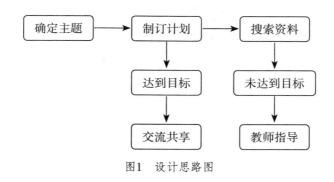

图1　设计思路图

二、教学设计

1. 学习目标

（1）通过课前的知识查询，学生能说出氧气、氮气、稀有气体的主要性质和用途。

（2）通过预习和查找资料，学生能说出空气的污染物、空气污染的防治措施等。

（3）通过实验观察、新闻浏览，引导学生关注空气质量，增强其关心环境的意识和责任心。能运用已有知识和方法综合分析化学过程对自然可能带来的各种影响，培养科学精神与社会责任。

（4）通过发现和提出有探究价值的化学问题，能依据探究目的设计并优化实验方案，完成实验操作，能对观察记录的实验信息进行加工并获得结论；能和同学交流实验探究的成果，能尊重事实和证据，具有独立思考、敢于质疑和批判的创新精神。

2. 学习重难点

（1）氮气和稀有气体等空气的主要组成成分在生产、生活中的应用；

（2）空气的污染与防治。

3. 教材分析

"空气"是人教版教材九年级上册第二单元课题1的内容。本单元选择空气作为初中化学接触具体物质的开端，是因为它与人类的生产生活关系最为密切，可以比较顺利地引导学生进入化学世界，符合"从学生熟悉的事物入手，进行科学教育"的原则。学生对于如何从化学的视角认识空气的组成、变化和用途等很感兴趣。通过第一课时的学习，学生对空气已有一定的认识，已经知道空气主要是由氧气和氮气组成的；通过电视、报纸等媒体能及时了解全国各主要城市和当地的空气质量状况，感受到空气污染的危害。所以本课题是化学与生活、化学与社会联系非常紧密的一课，是学生从化学的角度看世界看生活非常好的素材。

4. 教学方法

本节课教学上淡化学科本位，关注化学与社会的融合；将课堂讲授内容变为前置学习，将小组研究性学习的课题引入课堂，采用探究学习的方式，课堂外学生像科学家一样思考，自主学习发现问题、研究问题、解决问题；课堂上汇报研究成果，还要对其他小组的同学提出的问题进行答辩，突出学习方式多样化。教师在课堂上只起引导和辅助的作用，把课堂真正交给学生。

5. 学情分析

学生具备化学入门的知识，如：物质的变化和性质，二氧化碳和氧气的检验，能初步运用化学方法做一些探究。学生刚接触化学，充满了好奇和兴趣，而空气一节的内容最贴近学生日常生活，能培养学生从平常生活中追根溯源、发现问题，是培养他们创新精神和初步掌握科学探究方法的极好契机。然而学生刚开始学化学，虽在绪言和第一单元学习中了解了一些知识和基本操作，但相应的知识储备还是相当不足的。前一节课，学生通过对空气中氧气含量的测定明确了如何测空气中某成分的含量。对空气是一种重要的资源，空气质量等内容学生有一定的生活经验，课前安排学生自行搜集资料、查阅教材和书刊及其他信息资源，为本节课做好必要的知识准备。

6. 课前指导

表1　课前指导明细

教师活动	学生活动	设计意图
1. 将全班分为四个课题组并任命课题组长	课题组长对小组成员进行分工，分别负责查找资料、PPT制作、交流分享	培养合作意识、了解资料收集的途径

教师活动	学生活动	设计意图
2. 课题一《空气是宝贵的资源》 指导学生结合空气的组成从性质决定用途、用途体现性质的角度收集资料。	收集以空气成分为原料的产品图片	
3. 课题二《空气污染物》 指导学生结合空气污染指数的测定收集主要污染物及其成因的资料	收集整理近几天权威网站上发布的空气质量检测图片。	
4. 课题三《三大环境问题》 指导学生收集三大环境问题及其成因的资料。模拟酸雨的成分与蒸馏水对植物的影响进行对比实验。	酸雨与蒸馏水对植物的影响对比实验： 	了解科学探究的步骤和方法
5. 课题四《空气质量检测》 指导学生运用实验的方法，利用简单工具对校园周边及家中的空气质量进行检测并对结果进行分析和总结	制作简易颗粒物收集器： 在纸片上剪一圆形孔，贴透明胶带，在不同时段，放置在校园和家中等不同位置约1小时后取出在显微镜下观察 	

教师活动	学生活动	设计意图
	用简易的臭氧试纸测试不同地点、不同时间的臭氧浓度变化 0.05　0.1　0.2　0.3 0.4　0.5　0.6　1.0	

表2　课堂教学过程概述

教师活动	学生活动	设计意图
课前：利用课间休息时间播放视频《航拍中国》	观看四川和成都的风光视频	让浓重的家园情思油然而生
上课： 公布预习导学案答案	订正预习导学案	对基本概念、基础知识进行前置学习
情境引入： 刚才大家欣赏的视频中介绍的景点同学们是否去过？有哪些亲身的感受？ 接下来我们有请负责课题一《空气是宝贵的资源》的小组同学向大家做关于空气污染物的研究报告	学生活动一： 《空气是宝贵的资源》 负责课题一的学生汇报对氮气、氧气、稀有气体的性质和用途研究的报告，并完成练习； 分享自己的观点，做出判断、猜想、假设	引入空气是一种宝贵的资源 主动学习，小组合作汇报展示。
旅行途中吸引我们的有美丽的风景还有清新的空气，现在就有不少优秀的旅游城市主打"空气牌"。空气是如此重要的物质，其中到底包括哪些成分又包括哪些用途呢？		
图片引入：食品包装中的真空包装和充气包装。为什么有的食品要充气体？充的气体具有什么样的性质？	学生活动二： 探究食品包装中所充入的气体。 1.用针筒抽取包装内的气体通入澄清石灰水观察	回归学科兴趣，多一点实验和多一些情境。引导学生树立正确的科学探究意识，在科学探究的过程中获得新的、有价值的发现

教师活动	学生活动	设计意图
描述观察到的实验现象，结合已有知识判断充入的气体性质。结合已有知识判断包装内充入气体是否为二氧化碳？是否为氧气？	2. 用针筒抽取包装内的气体，将带火星的木条伸入针筒观察现象 实验分析： 步骤1：澄清石灰水<u>无明显现象</u>， 充入气体<u>不是二氧化碳</u>气体。	
教师总结：结合生产成本、用料来源等因素判断法式面包中充入的是氮气。 当我们享受着空气提供的廉价易得的资源时，却有人预言不久的未来会出现这样一场拍卖会。	步骤2：观察到带火星的木条<u>熄灭</u>，说明充入气体<u>不是氧气</u>。 思考：这到底是危言耸听还是确实存在这样的可能？	
视频：空气拍卖会 引入：空气污染物 请负责课题二的同学向大家做关于空气污染物的研究报告 引入：不知道大家有没有关注今天的空气污染指数？ 展示空气污染指数的截图 介绍：空气污染指数、空气质量等级、检测点、首要污染物等概念。	学生活动三： 《空气污染物》 负责课题二《空气污染物》的同学向大家分享课前探究报告并现场对同学的提问进行答辩。 学习了解空气污染状况的途径 从空气污染问题到关注环境问题	无处不在的空气作为拍卖品引发的思考，使学生产生危机意识。 引导学生树立可持续发展和绿色化学观念，关注与化学有关的社会热点问题并做出正确的价值选择和判断。
（板书）空气污染物 介绍一氧化碳、二氧化硫、臭氧、可吸入颗粒、二氧化氮是主要空气污染物也是空气污染指数的检测对象。	学生活动四： 《三大环境问题》 负责课题三《三大环境问题》的同学向大家分享课前探究报告、展示酸雨和蒸馏水浸泡树叶的对比实验结果并现场对同学的提问进行答辩。	注重增加实验的趣味性，有针对性、有目的地选择学生感兴趣的内容，以此作为实验内容，创新化学实验教学模式。

续 表

教师活动	学生活动	设计意图
空气污染已经不是一个国家或是一个地区的问题，是全世界全人类共同面对的环境问题。比较突出的环境问题有哪些？世界各国又采取了哪些措施？请负责课题三的小组同学向大家做研究汇报展示 环境问题需要个人的关注和国家的努力。在哥本哈根会议上中国就承诺在2020年要减少碳排放20%。 环境问题我们需要进行了解，更需要进行监测和防护。请负责课题四的小组同学向大家做研究汇报展示。 今天的这节课我们一起分享了各个课题小组通过课前的学习和探究对空气成分和空气污染的认识。这节课你还有哪些收获？请各位同学谈谈自己的想法	了解与环境有关的重要会议，特别是与中国有关的决议。 学生活动五： 《空气质量检测》 负责课题四《空气质量检测》的同学向大家分享课前探究报告并现场对同学的提问进行答辩。 从课前预习、课堂讨论、资料查找、合作交流、实验设计、实验探究、过程总结、提问答辩等多个角度总结自己的收获	引导学生树立正确的科学探究意识、科学精神与社会责任，加强实践教学，提高学生的动手操作能力，从而提高化学教学有效性。 组织学生明确探究目的、设计探究方案并执行探究方案，培养学生的科学探究与创新意识；鼓励学生在探究中独立思考、合作交流，对于"异常"现象，要勇于说出自己的想法
下课		

三、课后反思

通过本堂课不难发现，化学核心素养不是独立存在的，教师将化学学科知识渗透在课外、课堂之中，学生在不断地发现、挖掘问题的同时牢记、理解并掌握了这些化学核心知识。变被动为主动的学习才能实现素质教育，才能真正提高学生各方面能力，实现全面发展，实现终身发展。以化学实验为主的多种探究活动，可使学生体验科学研究的过程，激发学生学习化学的兴趣，强化科学探究的意识，促进学习方式的转变，培养学生的创新精神和实践能力。这大大改变了传统的化学课堂教学模式。教师在课前对各研究小组的指导要立足于化学课本，充分结合课本知识，有目的、有计划地设计探究活动、探究实验；在传授给学生分析探究问题的思路与方法的前提下，让学生自主探究、合作探究，自己梳理实验的原理、操作步骤、实际现象以及相关的结论。

在课堂环节教师要敢于放手，尤其在答辩环节学生可能会提出很多不拘泥于课本、意想不到的问题。诸如：课题一《空气是宝贵的资源》中有学生问："怎么鉴别收集的资料的可信度？"，课题二《空气污染物》中有学生问："雾霾天如何进行自我防护？各种防护口罩之间有什么区别？"课题三《三大环境问题》中有学生问："臭氧到底是有益还是有害？"课题四《空气质量检测》中学生感兴趣："臭氧试纸变色的原理是什么？""学校的空气质量与家里的空气质量哪里好？"这样的问题既拓宽了学生的视野，也对教师的知识储备和现场把控能力提出了更高的要求。我认为只要不是太过于偏离本课题的问题，教师都可以鼓励学生发表意见进行交流。学生回答有误或不准确的部分教师及时给予订正或补充。这样才能真正把课堂还给学生，实现理论与实践教学的高度结合，充分发挥学生的创造性思维，解决生活、工作和学习中的实际问题，培养学生综合能力，实现全面发展。

课后学生对化学课和用实验方法测定空气污染物的方法产生了极大的兴趣。我带领着孩子们运用学校有限的实验器材进行了更为深入的探究，诞生了新的研究性学习课题《校园周边雾霾状况与日常防护》，历时半年进行了大量的资料收集、实验探究、数据测试等，完成了课题的研究性学习报告，获得了中国教育科学院第二届初中学生综合性实践活动优秀成果展一等奖。

基于"实景课堂"的教学设计

——以"生活中常见的盐"为例

一、教学目标

（1）通过课前预习、自主学习、微视频认识生活中的食盐及其用途，粗盐提纯。认识到生活中处处有化学以及我国有丰富的自然资源。

（2）通过实验和教材阅读认识常见的三种盐及其用途、俗名。

（3）通过实景课堂，连线学习工业上碳酸根、碳酸氢根离子的检验。

二、教学重难点

（1）教学重点：生活中常见的盐及其用途、俗名，碳酸根、碳酸氢根离子的检验。

（2）教学难点：碳酸根、碳酸氢根离子的检验。

三、课前预习检测

（1）食盐的主要成分是_____，化学式为_____，由_____和_____构成。

（2）亚硝酸钠的化学式是_____，亚硝酸钠有毒，_____（填"能"或"不能"）代替食盐。

（3）知识卡片（通过网络、视频等形式认识食盐的用途，并以你喜欢的形式记录在知识卡片上）。

我认识的食盐

四、教学过程

【引入】《舌尖上的中国——盐》

表1 活动一：初识盐——生活中常见的盐：食盐

时间	活动形式	活动任务	活动过程及结果
5 min	自主学习 展示交流	结合教材、微视频 自主学习，小组推 荐，展示交流	观看微视频解决问题： （4）自然界中氯化钠有哪些来源？_____、 _____、_____、_____。 （5）从卤水中获得粗盐通过_____结晶。 （6）粗盐中还含有_____等可溶性成分。 （7）看完微视频你对从自然界中获得食盐有什么感想？ _____

表2 活动二：再识盐——化学中的盐"常见碳酸盐"

时间	活动形式	活动任务	活动过程及结果
第一部分 10 min	合作探究 展示交流	结合教材 小组合作 整理归纳 展示交流 学生点评	小组合作，完成实验表格

	NaCl	Na_2CO_3	$NaHCO_3$	$CaCO_3$
俗名或存在形式				
颜色、状态				
是否溶于水				
与盐酸反应（能反应写方程式）				
用途	／			

续 表

时间	活动形式	活动任务	活动过程及结果
第二部分 10 min	小组讨论 归纳总结 实验探究	结合实验 小组讨论 归纳总结 探究实验	思考讨论： （1）Na_2CO_3、$NaHCO_3$、$CaCO_3$的相似之处 （2）观察方程式中的相似之处 应用：碳酸根离子、碳酸氢根离子检验 操作：＿＿＿＿＿＿＿＿＿＿＿＿＿＿＿ 现象：＿＿＿＿＿＿＿＿＿＿＿＿＿＿＿ 结论：＿＿＿＿＿＿＿＿＿＿＿＿＿＿＿ 提出问题：鸡蛋壳中是否含有碳酸根？ 猜想假设：＿＿＿＿＿＿＿＿＿＿＿＿＿ 设计实验：＿＿＿＿＿＿＿＿＿＿＿＿＿ 得出结论：＿＿＿＿＿＿＿＿＿＿＿＿＿ 鸡蛋壳中＿＿＿＿＿碳酸根。 表格：设计实验 / 药品 / 反应原理（用方程式表示） 拓展延伸：沉浮的鸡蛋

表3 活动三：实景课堂——工业上碳酸根离子的检验及应用

时间	活动形式	活动任务	活动过程及结果
5 min	视频连线 实景课堂	了解盐的应用以及碳酸根离子的其他检验方法	"QPQ盐浴复合处理技术"将热处理与防腐蚀处理一次完成，处理温度低，时间短，能同时提高零件表面硬度、耐磨性和抗蚀性，减小摩擦系数，变形小，无公害。具有优化加工工序，缩短生产周期，降低生产成本的优点。在国外被认为是金属表面强化技术领域内的巨大进展，被视为一种新的冶金方法。"QPQ盐浴复合处理技术"在国内也得到大量推广应用，尤其在汽车、摩托车、轴类产品、电子零件、纺机、机床、电器开关、工模具上使用效果非常突出。

当堂训练:

1.（2018·南京）碳酸钠的俗称是（　　　）

A. 烧碱　　　　　　B. 消石灰　　　　　C. 纯碱　　　　　D. 小苏打

2. 下列常见盐的用途不合理的是（　　　）

A. 用亚硝酸钠腌制卤鸭子　　　　　　B. 用食盐融化积雪

C. 用小苏打发面　　　　　　　　　　D. 用碳酸钙治疗胃酸过多

3. 分类是化学的重要学习思想。下列物质的分类错误的是（　　　）

A. 单质：O_2、Fe、He

B. 酸：HCl、H_2SO_4、$NaHCO_3$

C. 碱：NaOH、Ca（OH）$_2$、$NH_3 \cdot H_2O$

D. 盐：NaCl、Na_2CO_3、$KMnO_4$

4.（2016·成都）某同学将维生素C泡腾片放入水中，观察到有大量气泡冒出，根据泡腾片主要成分分析，该气体主要是（　　　）

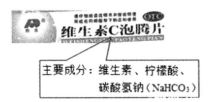

A. O_2　　　　　　B. N_2　　　　　　C. CO_2　　　　　　D. 水蒸气

家庭作业:

1. 从以下三个题目中任选一项你感兴趣的内容通过查阅资料，以家庭实验的形式完成300字以上的小论文。

（1）生活中"盐"的妙用。

（2）生活中不法分子添加$NaNO_2$的食物如何鉴别？

（3）对比市场上买到的湖盐（茶卡盐）、井盐（川盐）、海盐的不同。

2. 趣味实验：

火山爆发：将粗吸管剪成4 cm左右的一小段，下端用超轻黏土密封，在粗吸管中放入市售苏打或小苏打，加入白醋观察实验现象。

基于科学史的学科教学设计

——从沙中崛起：二氧化硅和硅酸

一、教学目标

（1）通过学生自主学习，了解硅的存在形态和二氧化硅的结构；

（2）通过了解历史、实物分析和实验研究，掌握SiO_2的性质，了解并制备硅酸；

（3）通过硅胶光纤、芯片等硅材料的发展历史，体会硅材料的崛起和广泛用途。

二、教学重难点

（1）教学重点：SiO_2的性质。

（2）教学难点：硅材料的发展对人类进步的贡献。

三、教学方法

微课教学（科学发展史与材料研究应用史实）；结构决定性质的学科思想渗透；物质分类法与类比学习二氧化硅性质；实物感知与动手实验体验结合；思考交流与小组合作。

四、教学媒体

实物展示、模型展示、实验操作、多媒体课件、视频展示。

五、教学流程

表1　Part1　硅的世界——Si的存在形式和SiO₂的结构

教学环节	教师活动	学生活动	设计意图
情境引入	展示沙子： 这是普通的沙子，但它却和硅谷、IT产业有紧密联系，这是为何呢？ 展示芯片： 这是计算机芯片，是计算机的心脏，它是怎么制造出来的呢？ 请观看英特尔公司的计算机芯片生产动画，一起解开这个谜团吧。	观看微视频《从沙子到芯片》。	感受身边的平凡物质与高科技产品的关系，激发探索热情。
设疑	沙子主要成分是SiO₂，芯片主要成分是Si单质；从沙子是怎样得到芯片的呢？		
学生活动	带着问题快速阅读教材74页第1～3段，并思考：硅元素在地壳中含量是多少？以什么形态存在？ 观察SiO₂结构模型，其基本结构单元是什么？ 板书： 一、Si的存在形式和SiO₂的结构	阅读教材、观察模型，填写学案。 1. 硅元素含量____，存在形态_____； 2. SiO₂晶体的结构特点_____。	认识自然界中硅元素的存在方式，找到研究突破点。
设问	人类是何时了解硅的存在，怎样了解二氧化硅材料的性质和用途的呢？		
材料发展史	要解开谜团，首先要穿越时空，我们一起去了解一段鲜为人知的历史。了解人类对硅材料（主要是SiO₂）的认识和使用历史。	观看视频《硅密》。	了解硅材料的使用和认识历史，初步了解SiO₂的性质，同时对比东西方国家的强弱，激发为伟大中华复兴做贡献的愿望。
过渡	"结构决定性质，性质决定用途"是化学的重要思想，SiO₂的立体网状结构稳定，它的性质如何呢？		

表2 Part2 硅的世界——SiO₂的性质

引导	人类使用SiO₂材料的历史源远流长，并在生活和生产实践中不断总结它的性质，丰富它的用途。了解了SiO₂的使用历史，再结合实物，我们一起整理归纳。		
思考与交流	实物感知： 沙子、鹅卵石（主要成分均为SiO₂）、棱镜、水晶、玛瑙、石英坩埚、盛有盐酸的试剂瓶、盛有烧碱溶液的试剂瓶（玻璃中含SiO₂）。 思考： SiO₂可能具有的物理性质和化学性质，小组交流讨论，阐述观点。 （1）沙子和鹅卵石可以作为建筑材料，历经风雨，体现什么性质？ （2）玻璃棱镜可以分光，体现哪方面性质？ （3）水晶、玛瑙可长久不腐，代代相传，体现的物理性质或化学性质有哪些？ （4）石英坩埚可用于盛放固体加热进行实验，体现何种性质？ 板书： 二、SiO₂的性质 1. 物理性质：_____ 2. 化学稳定性：_____	实物感知，联系历史经验和自身生活体验，思考二氧化硅的性质。 各抒己见，交流发言，记录汇总。	借助实物材料和材料科学史实，迅速归纳SiO₂的性质。 根据自己生活经验和从材料史获取的知识，结合自己理解，交流碰撞。
激疑	对比盛有盐酸和烧碱溶液的试剂瓶，发现有何不同之处？再联系玻璃中含有SiO₂，会得出什么样的猜想？		
引导	实物展示： 被烧碱腐蚀过的玻璃试管 结合教材76页图4-6分析，佐证猜想。	观察实物，做对比，发现问题，思考性质。	实物、图片引发思考。
设问	SiO₂的这个性质与初中学过的那种物质的性质相似？		
引导	副板书： 碳和硅原子结构示意图 根据原子结构相似，引导思考CO₂与SiO₂的性质相似，寻找共同点，做物质分类归纳。	分析碳和硅原子结构，联想CO₂和SiO₂的性质。	强化酸性氧化物概念和分类法。

讲解	副板书： 酸性氧化物＋碱 ══ 盐＋水。 同类物质性质之间有很多相似点，请类比CO₂的方程式，推测SiO₂的方程式，填写学案后查阅教材76页，订正。	类比CO₂的化学性质，推测SiO₂的化学性质，填写学案、订正。	用类比学习方法推测SiO₂的化学性质。

	CO_2	SiO_2
物质类别	性氧化物	
与水反应	$CO_2 + H_2O ══ H_2CO_3$	
与酸反应		
与碱性氧化物反应（CaO）	能反应	
与强碱反应（NaOH）	$CO_2 + 2NaOH ══$ $Na_2CO_3 + H_2O$	

激疑	含有SiO₂的玻璃试剂瓶能保存盐酸，能否保存氢氟酸？		
引导	可以如何利用这种性质？ 实物展示： 展示利用氢氟酸腐蚀玻璃制作的纪念品。	重点关注SiO₂与氢氟酸反应的方程式。	强化类比学习中的共性与特性分析，巩固"性质决定保存和用途"的思想。

表3　Part3　硅的世界——H₂SiO₃的性质与制备

设问	二氧化硅的结构决定了它具有优良的物理性质和化学稳定性，不能与水反应得到对应的含氧酸——硅酸，这种从未谋面的酸具有什么性质？怎样制备呢？		
回归教材	找到教材76页最后一段，勾画这样一段文字"硅酸是一种很弱的酸（比碳酸还弱），溶解性很小，是通过可溶性硅酸盐与其他酸反应制得的"。里面包含哪些信息？ 板书： 三、H₂SiO₃的性质与制备 1.性质：难溶、弱酸（比碳酸弱） 2.制备：	阅读教材，勾画标记，了解硅酸的性质和制备方法。	挖掘教材，重视教材文本。

续 表

过渡	现在我们准备亲手解开硅酸神秘的面纱，该怎样做呢？需要注意哪些问题？		
实验预习	［朗读］［实验4-1］，思考学案［活动三］中注意事项。	齐声朗读［实验4-1］实验注意事项： 1. 药品添加顺序 2. 药品用量 3. 操作要领 4. 现象观察点 5. 产物检验方法	明确实验要求，了解实验成功与否有诸多制约因素，培养严谨的实验素养。
分组实验	3分钟实验操作，巡视各组情况，做好实验指导。	实验操作，现象记录，分析实验成功或失败可能的原因，落实填写学案［活动三］	培养动手操作能力、分析能力。
分享交流	小组汇报实验情况，点评归纳。 展示： 成功制得的硅酸凝胶。 用的是＿＿＿＿浓度的药品，滴加了＿＿＿＿滴，静置了＿＿＿＿时间，细节决定成败	学习科学的实验研究方法，体会变量因素对实验的影响	了解溶液酸碱性、药品浓度、用量均可能影响实验成败，培养良好实验习惯
实物体验	展示： 请用玻璃棒将制得的凝胶挑出，观察其性状（未成功小组发放样品）。	近距离观察硅酸凝胶状态	亲自感受，树立切实的体验
启发	这是一种全新的物质，每一种新材料的出现，必然引发对其用途开发的研究热潮。		

表4 Part4 硅的世界——现在与未来

科学简介	硅酸的制得，引起了众多的关注，诞生了一系列与之相关的产品。如硅胶干燥剂、硅胶手环、硅胶面具、硅胶皮肤蜡像、硅胶美容等	感知新材料的研发带来的丰富多彩的材料世界	拓宽视野，引发共鸣
启发	另一方面，对于现有材料新用途的研究也在如火如荼地进行着，人类探索的脚步永不停止！		

提问引发思考	现代社会，如果没有网络，必然会让现代都市人很苦恼，人类能够进入互联网时代，离不开一根细细的光纤。 实物展示：光纤 光纤的主要成分是纯净的 SiO_2，利用光纤进行通信，离不开一个人的努力，我们一起了解这个伟大的人物	结合切身经历，感受光纤通信带来的便利，体会光纤的重要性。	从生活实际出发，引发对已有材料的新的认识和思考
光纤发展历史简介	微课：揭秘光纤研究历史。	感悟科学研究需要"敢想、敢做、敢坚持"的科学品质	科学研究情感教育
回应开篇	人类历尽艰辛，发现了硅元素的存在，在广泛存在的沙子中提取了硅单质，利用现代工艺制造了计算机芯片，实现了"从沙子到芯片"的转变；又制备了纯净的 SiO_2，开创性地把光纤应用于通信领域，实现了"从沙滩到用户"的梦想，人类进入了互联网时代。		
硅材料研究热点简介	人类对硅单质的研究热情正如日中天；存贮信息，能量转变，不仅改变着计算机技术，也在改变着能源结构，更为航天器插上了遨游太空的翅膀，实现了人类探索宇宙的永恒梦想。	了解单质硅在高科技领域做出的卓越贡献	了解新进展，巩固对硅是无机非金属材料主角的认识
激趣	从沙子到芯片，硅推动了世界发展，丰富了材料生活。而人自身的发展几个世纪却没有突破，从芯片到人体，硅又能帮助人类实现何种突破呢？		
启迪思维	高锟名言： 科学家要敢于幻想、敢于向前看	观看视频《从芯片到人体》感悟硅芯片的神奇和设想的伟大，提出自己的"幻想"，拓展思维。比如： （1）人体内引入硅元素，提高身体强度； （2）体内植入芯片，改变知识传承方式； （3）能源新方向——硅能源……	引发科学猜想，视野从课堂拓展到生产、生活，甚至人体、宇宙，激发探索欲望

续 表

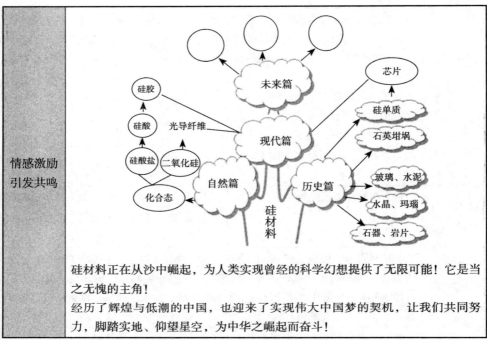

硅材料正在从沙中崛起，为人类实现曾经的科学幻想提供了无限可能！它是当之无愧的主角！

经历了辉煌与低潮的中国，也迎来了实现伟大中国梦的契机，让我们共同努力，脚踏实地、仰望星空，为中华之崛起而奋斗！

情感激励
引发共鸣

六、板书设计

从沙中崛起：二氧化硅和硅酸

1. Si的存在形式和SiO_2的结构

（1）硅：化合态，主要以二氧化硅、硅酸盐形式存在

（2）二氧化硅：四面体立体网状结构

2. 二氧化硅的性质

（1）SiO_2的物理性质：难溶、熔点高、硬度大、光学性质良好

（2）SiO_2的化学稳定性：稳定性好

酸性氧化物 + 碱 ═══ 盐 + 水

3. 硅酸的性质与制备

（1）性质：比碳酸弱

（2）制备：$Na_2SiO_3 + 2HCl == H_2SiO_3（胶体）+ 2NaCl$

4. 硅材料的现在与未来

基于"活动元"的教学设计

——以"钠的重要化合物"为例

一、学习目标

（1）通过实验探究、分类比较，理解Na_2O和Na_2O_2的性质。

（2）通过观察分析、实验研究，对比Na_2CO_3和$NaHCO_3$的性质。

（3）通过归纳整合、运用反馈，巩固Na的重要化合物的性质和研究物质的方法。

二、教学重难点

（1）理解Na_2O_2、Na_2CO_3和$NaHCO_3$的性质。

（2）理解Na_2O_2与CO_2、H_2O反应的原理。

（3）理解Na_2CO_3和$NaHCO_3$与酸反应的原理。

三、课前热身

利用"分类"法，理解Na_2O的化学性质。

Na_2O是一种_____性氧化物，具有碱性，因此它具有以下化学性质：

① 碱性氧化物 + 酸 → 盐 + 水。例如：$Na_2O + 2HCl =\!=\!=$ _____ $+ H_2O$；

② 碱性氧化物 + 酸性氧化物 → 盐。例如：$Na_2O + CO_2 =\!=\!=$ _____；

③ 碱性氧化物 + 水 → 碱。例如：$Na_2O + H_2O =\!=\!=$ _____。

四、学习过程

表1 活动一 实验探究、分类比较：理解Na_2O和Na_2O_2的性质

时间	活动形式	活动内容与小结	意图说明
4 min	观察实验，书写方程式	教师演示将集有CO_2气体的广口瓶倒扣在包有Na_2O_2的脱脂棉上： Na_2O_2与CO_2反应的方程式：$2Na_2O_2 + 2CO_2$ === _____ + _____	以新异刺激吸引学生，通过情景任务，提升证据推理与模型认知素养。
8 min	阅读教材自主学习	参考下列实验过程， 阅读教材55页实验3-5，明确实验步骤，小组分工： 蒸馏水 2滴管 → 带火星的木条 触摸试管底部 → 酚酞溶液 1～2滴 Na_2O_2粉末2小匙 立即	补充课堂生成实验：用MnO_2处理会使酚酞褪色的溶液后过滤，获得的溶液不再使酚酞褪色，引导学生由宏观辨识走向微观探析，认识Na_2O_2漂白的本质。
	小组合作实施实验	认真实验，仔细观察，讨论完成Na_2O_2与H_2O反应的方程式，并思考书写方程式依据的现象： Na_2O_2与H_2O反应的方程式：$2Na_2O_2 + 2H_2O$ === _____ + _____ 实验现象： _____ _____	形成宏观–微观–符号三重表征的意识。
	实验反思分享交流	我的疑问 _____ _____ 我的收获 _____ _____	

时间	活动形式	活动内容与小结			意图说明
2 min	知识小结	[比较] 理解Na_2O和Na_2O_2的性质。			引导学生根据分类推测Na_2O的性质，提升宏观辨识与微观探析素养水平；引导学生利用氧化还原观分析Na_2O_2的性质，提升变化观念素养水平。

	Na_2O	Na_2O_2
颜色状态	＿＿色＿＿	＿＿色＿＿
O的化合价		
化学性质		
与CO_2反应生成		
与H_2O反应生成		
性质	碱性	＿＿性、＿＿性

表2　活动二　观察分析、实验研究：对比Na_2CO_3和$NaHCO_3$的性质

时间	活动形式	活动内容与小结	意图说明
10 min	阅读教材自主学习	参考下列实验过程，阅读教材56页"科学探究"，明确实验步骤，小组分工：	利用教材情景，培养学生科学探究与创新意识，提升证据推理与模型认知素养水平。

实验步骤		结论	
		Na_2CO_3	$NaHCO_3$
1g碳酸钠　1g碳酸氢钠	观察色、态　外观	＿＿色＿＿	＿＿色＿＿
各加入1滴管蒸馏水	观察，触摸试管底部　现象	温度：＿＿　固体状态：	温度：＿＿　固体状态：
各加入10mL蒸馏水	振荡，观察　溶解度	Na_2CO_3溶解度＿＿＿$NaHCO_3$溶解度	
各加入1滴管酚酞溶液	观察　溶液碱性	水溶液的碱性：Na_2CO_3＿＿＿$NaHCO_3$	
各加入2滴管盐酸	观察，书写方程式　与酸反应	产生CO_2快慢：Na_2CO_3＿＿＿$NaHCO_3$	
		$CO_3^{2-} + 2H^+$ ＿＿＿	$HCO_3^- + H^+$ ＿＿＿

续　表

时间	活动形式	活动内容与小结	意图说明
10 min	小组合作实施实验	认真实验，仔细观察，并填写上表中的结论。	
	实验反思交流分享	对照课件，用红笔标注不同，小组讨论，提出问题。 我的疑问： ①　_____ 　_____ ②　_____ 　_____ ③　_____ 　_____	补充课堂生成实验： ① $NaHCO_3$与Na_2CO_3显微照片对比证明前者为晶体； ②$NaHCO_3$溶于水的温度变化的数字化实验证明$NaHCO_3$溶解吸热； 通过创新实验解决学生困惑、利用认知冲突加深学生印象、通过科学实证传递科学态度。
2 min	观察曲线思考原因	我的收获： ① CO_3^{2-}与H^+反应_____ ②　_____ ③　_____	展示CO_3^{2-}和HCO_3^-与反应的烧瓶内CO_2浓度和盐酸滴入量的数字化实验曲线；在强化变化观念、证据推理、宏观辨识与微观探析的同时传递科学态度。

续　表

时间	活动形式	活动内容与小结		意图说明
7 min	观察实验比较性质评价方案	装置图： 小烧杯 NaHCO₃　Na₂CO₃ 金属板 三脚架	【观察实验】根据现象得出下列结论： 热稳定性：Na_2CO_3＿＿$NaHCO_3$ 化学方程式： $2NaHCO_3 \xrightarrow{\Delta}$ ＿＿＿＿ 【评价方案】思考本实验设计较之教材方案的优势：＿＿＿	通过分析、综合、评价过程提升学生对$NaHCO_3$与Na_2CO_3热稳定性的认知水平及实验设计能力。

表3　活动三　归纳整合、运用反馈：巩固Na的重要化合物的性质和研究物质的方法

时间	活动形式	活动内容	意图说明
6 min	知识总结	1. 小组讨论，试用图示表示本节学到的知识。 Na_2O　　$NaHCO_3$　　Na_2CO_3　　Na_2O_2 2. 探究物质性质的方法有＿＿＿＿＿＿＿＿＿。	利用思维导图高效进行小结。
1 min	学以致用	1. 食堂去除大量面团中因发酵产生的酸味应选用＿＿＿＿＿＿。 2. 使用复合膨松剂"泡打粉"（又称"发酵粉"），不需发酵直接上锅蒸，即可使面团蓬松。"泡打粉"中所含的Na的化合物为＿＿＿＿。 3. BC型干粉灭火器常以压缩CO_2为驱动气体，$NaHCO_3$干粉为灭火剂，该灭火器可否用于扑救Na_2O_2仓库的火灾？	出示白案师傅阚师傅访谈视频，提供真实情境，让学生解决真实问题、学以致用。

课后练习：

1. 巩固对Na_2O_2性质的理解：向紫色石蕊试液中加过量的Na_2O_2粉末，振荡，正确的叙述是（　　　）

A. 溶液仍为紫色　　　　　　　　B. 最后溶液变为蓝色

C. 最后溶液褪色　　　　　　　　D. 反应中没有气泡产生

2. 巩固对Na_2CO_3和$NaHCO_3$性质的理解：关于Na_2CO_3和$NaHCO_3$，下列说法中正确的是（ ）

A. Na_2CO_3比$NaHCO_3$易溶于水

B. $NaHCO_3$比Na_2CO_3稳定

C. 石灰水能与$NaHCO_3$反应，但不与Na_2CO_3反应

D. $NaHCO_3$水溶液的碱性强于等浓度的Na_2CO_3溶液

课外思考：

Na_2O_2与H_2O反应后的溶液加入MnO_2后，再滴入酚酞溶液就不再褪色。这说明反应过程中有什么物质生成？它对酚酞有何影响？你能用化学方程式分两步表示出Na_2O_2与H_2O反应过程的细节吗？

基于"活动元"的教学设计

——以铝的重要化合物Al_2O_3、$Al(OH)_3$为例

一、教材分析

"铝的重要化合物"是新课标人教版化学（必修1）中第三章第二节的部分内容，是高中化学的基础知识。教材在第一章《从实验学化学》和第二章《化学物质及其变化》的基础上，从第三章开始介绍具体的元素化合物的知识。在第二章的学习中，学生已掌握了物质的分类方法，这有利于学生从物质分类的角度了解本课时内容的编排体系。本节课内容，教材主要通过六个方程式、两个实验、一个"学与问"、一个资料卡片来介绍几种铝的重要化合物的性质和应用。同时在本节中，学生初步尝试通过化学事实去探索物质的性质，再从基本概念和基本原理深化对物质性质的理解，从而使知识规律化、系统化、网络化。这种学习方式的过程和方法，可以帮助学生学习第四章《非金属及其化合物》的内容，还能使学生真正认识化学在促进社会发展、改善人类的生活条件等方面所起到的重要作用。

二、学情分析

本课时的授课对象是高中初入学，刚刚学习完化学（必修1）中的第一章《从实验学化学》，第二章《化学物质及其变化》的学生。他们已初步了解了从实验学化学的思想，具有实验探究心理，能在教师指导下独立完成实验；学习了分类法，能在分类思想的指导下学习氧化物、氢氧化物的有关性质；学习

了氧化还原、离子反应、物质的量等基本概念，为本课学习奠定了一定的知识、技能和心理基础。但学生对实验现象的分析能力、思维能力、探究能力有待进一步培养和提高。由于学生在初中已经学习了金属的初步知识，并且了解金属铝的致密氧化膜能阻止铝进一步与氧气反应，在教学中教师应多加考虑新旧知识的相互衔接。这节"铝的重要化合物"内容里并无涉及氧化还原反应，离子反应涉及也较少，所以，考虑将授课的重点放到氢氧化铝的制备及两性的探究上，培养学生的实验探究和创新意识并激发学生对性质学习的兴趣，再将所学知识上升到社会生产生活应用，让学生真正体会到学以致用的社会责任。

三、教学目标

（1）通过实验对比，从分类的角度了解Al_2O_3的两性性质，并能正确书写相关化学反应方程式。

（2）通过实验探究，宏观辨识$Al(OH)_3$与酸、碱的反应，微观了解$Al(OH)_3$的两性性质，能正确书写相关离子反应方程式。

（3）通过小组合作，尝试设计以明矾为原料制铝的流程，感受Al_2O_3、$Al(OH)_3$在生产生活中的应用。

四、教学重难点

（1）通过实验对比探究，从分类的角度了解Al_2O_3、$Al(OH)_3$的两性性质。

（2）结合工业生产应用，了解$Al(OH)_3$的制备方法。

五、教学过程

表1　教学过程概述

教学环节	教师活动	学生活动	教学意图
情境引入	视频引入： 科学家发现新型火箭推进剂——铝冰，其成分主要由纳米铝粉和固态冰组成，在反应中生成了Al_2O_3。	观看视频，认识铝冰。	了解铝及其化合物在科技前沿的发展和应用。

续 表

教学环节	教师活动	学生活动	教学意图
活动一：实验对比，了解Al_2O_3的性质	过渡： 铁锈的主要成分是Fe_2O_3，我们可以用酸除锈，碱能不能除锈呢？ 演示实验1： 加入HCl溶液　加入NaOH溶液 生锈的铁钉（Fe_2O_3）　生锈的铁钉（Fe_2O_3）	认真观察实验，描述实验现象。	通过实验观察，认识Fe_2O_3是碱性氧化物。
	结论分析： Fe_2O_3是一种只能与酸反应，不能与碱反应的氧化物，是碱性氧化物。 过渡： Al_2O_3与酸、碱反应的情况又如何呢？ 演示实验2： 加入HCl溶液　加入NaOH溶液 Al_2O_3固体　Al_2O_3固体	分析实验现象，得出结论。 认真观察实验，并记录实验现象。	通过实验对比，了解Al_2O_3的两性性质。 通过练习评阅，学生能正确书写Al_2O_3与酸、碱反应的方程式。
	过渡： 固体溶解，说明Al_2O_3与酸、碱发生了反应，写出化学反应方程式。 拍照投影，评阅方程式书写。 结论分析： 1. Al_2O_3既能与酸反应，又能与碱反应生成盐和水，这样的氧化物称为两性氧化物。	书写Al_2O_3与酸、碱反应的方程式。 红笔评阅，修改订正。	体现物质分类思想。

教学环节	教师活动	学生活动	教学意图
活动一：实验对比，了解Al_2O_3的性质	2. 从物质分类来看，还可以将金属氧化物分为碱性氧化物和两性氧化物。 过渡： 氧化铝是一种较好的耐火材料。生活中常见的这些物质其主要成分都是Al_2O_3，通过刚才的学习，你知道我们在使用时该注意些什么吗？	建立两性氧化物概念。 体会Al_2O_3在生产生活中的应用	学以致用，了解Al_2O_3在生产生活中的应用
活动二：实验探究，了解$Al(OH)_3$的性质	过渡：铝的化合物在生活中有着广泛应用。在实验室中我们如何将Al^{3+}转化为$Al(OH)_3$？ 实验一：如何将$Al_2(SO_4)_3$溶液转化成$Al(OH)_3$？ 请同学们利用所给出的药品，各小组讨论，完成实验操作设计。 请将上述实验中涉及的反应用离子方程式表示出来，并拍照上传。 方程式书写评价。 实验二： $Al(OH)_3$还能溶解在哪些溶液中？ 实验操作：向实验一所得$Al(OH)_3$胶状沉淀中加入适量稀盐酸，沉淀溶解。离子反应方程式表示为：_____ _____。 $Al(OH)_3$既能与酸反应，又能与碱反应生成盐和水，这样的氢氧化物称为两性氢氧化物。	小组讨论，完成实验方案设计。 小组分工合作，完成实验探究，记录实验现象。 实验结果分析，交流评价。 书写相关反应的离子方程式，并拍照上传。 学生实验验证$Al(OH)_3$与酸的反应。 书写离子反应方程式 建立两性氢氧化物的概念。	通过小组合作的方式，体会合作探究的乐趣，从宏观辨识的角度了解$Al(OH)_3$的两性性质。 从实验探究中去发现问题、生成问题，通过讨论交流解决问题。 对实验结果进行交流、分析和评价，了解$Al(OH)_3$的制备方法。 通过练习评阅，学生能正确书写离子反应方程式 通过宏观辨识、微观探析了解$Al(OH)_3$的两性性质。

续 表

教学环节	教师活动	学生活动	教学意图
活动二：实验探究，了解Al（OH）₃的性质	过渡： 利用氢氧化铝是两性氢氧化物的性质，我们可以用它治疗胃酸过多	了解Al（OH）₃在生活中的应用	体会Al（OH）₃在生活中的应用
活动三：小组合作，设计由明矾制备铝的流程	过渡： 如何将地壳中的铝元素转化成铝单质呢？工业上曾经以明矾为原料来制备金属铝。 请同学们阅读教材P59，以明矾为原料，小组讨论制备金属铝的流程图。 ［交流评价］	小组合作，交流讨论，设计流程。 流程互评，优化方案	Al₂O₃、Al（OH）₃性质综合运用，初步学会构建以明矾为原料制铝的流程，感受Al₂O₃、Al（OH）₃在生产生活中的应用
极速反馈	布置练习，极速评价	完成练习，极速提交	极速反馈课堂知识掌握情况
课堂小结	课堂小结两条主线	归纳整理	及时总结，使知识系统化

六、板书设计

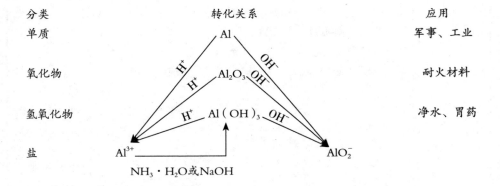

七、教学反思

本节课为元素化合物的教学，在教学设计上采用了活动元教学，通过大量的学生活动来激发学生的科学探究与创新意识。活动一通过对比演示实验，引导学生认识Al_2O_3的两性性质。活动二组织学生分小组实验探究，引导学生自主挖掘Al（OH）$_3$的两性性质及Al（OH）$_3$的制备方法，通过小组合作探究学习法，充分发挥学生主体地位，将教材中演示实验改为学生探究实验从而调动学生的积极性，让学生自己动手做实验、动脑分析实验、积极表达自己的观点，以此促使学生主动学习。活动三通过小组合作进行流程设计，体会所学知识在实际生产生活中的应用。在教学过程中，"智慧课堂"的使用，也使课堂评价和反馈更加及时和高效。

基于"活动元"的教学设计

——杜康酿酒话乙醇：以"乙醇"为例

一、设计思想

乙醇是继烃类——甲烷、乙烯、乙炔、苯之后，向学生介绍的第一种烃的衍生物，在有机物的相互转化中处于核心地位。本课旨在引导学生抓住官能团的结构和性质这一中心，确认结构决定性质这一普遍性规律，提高思维能力和解决问题的能力，为后面的乙酸、乙醛等的学习以及在高三进一步研究烃的衍生物打下基础。另外，乙醇在生活、生产、科研中的应用很广泛，学生对乙醇的某些物理性质、化学性质（如可燃性等）、用途（如杀菌消毒等）也并不陌生，有深入研究的愿望（如醉酒原理等），因此对乙醇的学习具有比较重要的理论和现实意义。

本节课总的指导思想是从生活中走进化学，再根据所学的知识来理解和指导生产和生活，即"为什么教，教什么，如何教"。化学是一门自然科学，研究我们身边的物质，不仅能使学生对身边的物质及现象加以理解和深化，还能使他们充分感受化学的学科价值。

二、教学目标

（1）了解乙醇的物理性质和在生活中的应用，掌握乙醇的结构、主要性质和用途，通过探究活动提高学生的实验能力。

（2）通过实验探索学习，获得乙醇的结构、性质之间的关系；从观察实验现象入手，分析产生现象的因果关系和本质联系，从而了解学习和研究化学问题的一般方法和思维过程。

（3）感受乙醇与生活、社会的密切关系；养成关注与化学有关的社会热点问题的习惯。

三、教学重难点

（1）教学重点：乙醇的分子结构、乙醇与钠的反应、乙醇的催化氧化反应。

（2）教学难点：乙醇的催化氧化反应。

四、教学环节

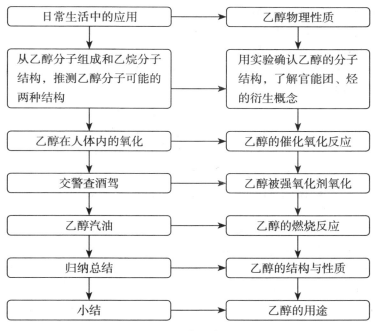

图1　教学环节图

五、教学过程

表1　教学过程概述

	教师活动	学生活动	设计意图
活动一：认识乙醇的物理性质	创设情境： 俗话说，"粮食的精华是酒"，那酒的精华是什么呢？酒精，也叫乙醇。请大家阅读资料卡片，了解乙醇在生活中的一些应用，并结合提供的乙醇试剂，归纳乙醇的物理性质。（结合PPT展示）	阅读资料卡片，并根据已有知识，发表自己的看法，归纳乙醇的物理性质。	用贴近生活事实的资料，引起学生共鸣，形成对乙醇物理性质的充分认识。
活动二：探究乙醇的分子结构	提问： 乙醇的宏观性质是由微观结构决定的。通过初中化学我们已经知道，乙醇的分子式是C_2H_6O，像是乙烷分子中插入了一个O。请同学们根据乙烷分子结构，推测乙醇可能具有的结构式。	各小组发表意见，并倾听其他组的发言；发现乙醇分子可能的两种结构，并且发现两种结构中氢原子种类不同。	发现乙醇分子可能的两种结构，为实验探究乙醇分子结构设下疑问。
	追问： 两种分子结构中，H原子形成的化学键一种仅含C–H键；另外一种含C–H键、O–H键；哪种结构才是乙醇分子的结构呢？ （提示：金属钠可以保存在煤油中，煤油是烃类的混合物，烃类仅含C–H键） ［实验与探究：乙醇与金属钠的反应］ 在盛有适量无水乙醇的试管中，加入一小块新切的、用滤纸吸干煤油的金属钠。观察实验现象，对比金属钠与水的反应。 实验结论： （1）乙醇分子结构为： 	学生动手实验，记录实验现象；汇报实验现象，通过分析归纳实验结论，得出乙醇分子的真实结构。 书写反应方程式，认识乙醇分子的断键位置。 小结乙醇分子的组成与结构。 （1）分子式 （2）电子式	运用已有知识储备，在实验探究中证实乙醇分子结构，同时训练学生基本实验操作能力、观察能力和准确描述现象的能力，促使学生养成及时归纳整理知识的学习习惯。

	教师活动	学生活动	设计意图
活动二：探究乙醇的分子结构	（2）官能团羟基中的氢被金属钠置换。 （3）密度：水>乙醇 （4）羟基中氢的活泼性：水>乙醇 （5）实验室用无水乙醇处理多余的钠。	（3）结构式 （4）结构简式 官能团： 烃的衍生物：	
活动三：探究乙醇的化学性质	过渡： 饮酒后，约95%的乙醇先经过胃肠吸收再通过肝脏的酶系统进行代谢。 展示资料卡片：乙醇在人体内的代谢过程。通过不同酶的作用分两步氧化为乙酸，最终分解为二氧化碳和水。 乙醇对人体的危害：抑制中枢神经，使语言混乱和肢体变得不协调。 乙醛对人体的危害：乙醛能扩张血管，麻痹大脑的中枢神经，导致心悸、恶心、呕吐、头痛等症状，甚至死亡。 过渡： 乙醛对人体有害，但它在工业上却非常有用。人体内代谢需要酶作催化剂。科学家通过努力，找出了Cu、Ag作催化剂实现乙醇转化为乙醛。 〔实验探究〕乙醇　乙醛 1.用大试管取3 mL酒精，闻气味。 2.将Cu丝灼烧至发红，迅速插入盛有3 mL酒精的试管中，观察实验现象。重复操作3~4次，小心闻试管中液体的气味。 〔生活启示〕 工匠焊接铜器或银器时，表面会生成黑色的氧化膜。可以先把铜或银在火上烧热，马上蘸一下酒精，铜或银就会光亮如初。 过渡： 喝酒不开车，开车不喝酒。交警检查酒驾的原理是什么呢？化学实验室是否可以检查？	交流讨论，使人体酒精中毒的是乙醇、乙醛。 学生动手实验，记录实验现象，分析反应过程，写出反应方程式。	在实验探究中学习，同时训练学生基本实验操作能力、观察实验能力和准确描述现象得出结论的能力，促使学生养成及时归纳整理知识的学习习惯。 体会化学知识的实际应用。

	教师活动	学生活动	设计意图
活动三：探究乙醇的化学性质	演示实验：模拟检测"酒驾"。 往酸性重铬酸钾溶液中滴入乙醇，振荡。 往酸性高锰酸钾溶液中加入乙醇，振荡。	观察实验，记录实验现象，体会乙醇被强氧化剂直接氧化为乙酸。	回归生活，体验乙醇的还原性。
	展示：汽车也"喝酒"。 介绍：乙醇汽油。	学生写出反应方程式。	回归生活，了解乙醇的能源观。
小结	乙醇的结构与性质（部分） PPT展示乙醇的用途。	体会羟基对乙醇性质的决定性作用，体会乙醇化学变化的断键规则。	形成有机物结构与性质关系的认识。
	体现乙醇是生活中常见的物质。	体会物质结构决定性质，性质决定用途。	感受乙醇在生活中的应用。
课堂练习	下列关于乙醇结构与性质的说法中正确的是（　　） A. 乙醇结构中有—OH，所以乙醇溶解于水，可以电离出OH^- B. 乙醇与钠反应非常平缓，所以乙醇羟基上的氢原子不如水中的氢原子活泼 C. 乙醇与氧气生成乙醛的反应是取代反应 D. 实验室可用乙醇脱水制得乙烯： $$CH_3CH_2OH \xrightarrow[170\ ℃]{浓H_2SO_4} CH_2=CH_2\uparrow + H_2O$$ 在该反应中，乙醇分子断②③键	体会羟基对乙醇性质的决定性作用，体会乙醇分子化学变化的断键规则。	巩固乙醇的结构与性质关系的认识。

	教师活动	学生活动	设计意图
课外思考	1. 乙醇消耗量很大，用粮食酿造无法满足需求，能否用化学方法直接合成乙醇？ 2. 查阅资料了解乙醇燃料的应用现状和前景。	了解乙醇的化工制取方法； 了解乙醇燃料的应用前景。	了解乙醇的工业制取方法； 了解乙醇燃料的应用前景，树立新能源观。

六、板书设计

乙　醇

1. 乙醇的物理性质　　　　　3. 乙醇的化学性质

2. 乙醇的分子结构　　　　　（1）乙醇与金属钠的反应

a. 电子式：　　　　　　　　（2）乙醇的氧化反应

b. 结构式：　　　　　　　　a. 燃烧反应

c. 结构简式：　　　　　　　b. 催化氧化

d. 官能团：　　　　　　　　c. 被强氧化剂氧化

基于"活动元"的教学设计

——以"海水资源的开发利用及流程设计"教学为例

　　核心素养已经成为当前教育领域热议的话题。核心素养是学生在接受相应学段的教育过程中，逐步形成的适应个人终身发展和社会发展需要的必备品格和关键能力。核心素养不是具体的知识，不能通过直接传授的方式而获得，需要在各种形式的学习活动过程中逐渐形成。为了全面落实发展学生核心素养总目标，化学学科核心素养应该贯串化学教学的全过程。但从当前化学教学的实际来看，许多教师仍然只重视知识的条理性、系统性，忽视知识内容蕴含的核心素养教学价值，学生虽然掌握化学知识，但不知道化学知识在生产生活中的应用，无法用学科观念、思维方法看待相关的实际问题。只有充分挖掘教学内容中的基本观念和方法，借助真实的情境和素材，将学科核心素养融入教学活动中，才能将发展学生核心素养落到实处。

　　高中学生发展核心素养的基本要求是通过高中阶段学科课程的学习形成（跨）学科的知识和技能、过程与方法、情感、态度和价值观的整合。核心素养的落实涉及多个方面，其中一个重要方面就是教学实践环节，教师需摆脱"知识本位"和"学科本位"的束缚，着力发展学生的核心素养。本文以"海水资源的开发利用及流程设计"为例，开展基于发展学科核心素养的活动元教学设计，以期为发展学生的学科核心素养的教学提供参考。

一、活动元教学的概述

1."活动元"

最早，我国教育界田慧生、顾明远等专家学者对活动教学、活动课程、活动教育等理论进行深入研究，提出通过开展有效的教学活动落实新课程理念。这些理论探索有效地指导了中小学课堂探索活动教学。2004年，厦门市教育科学研究院傅兴春老师系统地提出活动元的定义，即：活动元是指，在教学中为完成某一学习任务中的一个或几个子任务而进行的相对独立的学习活动。教师在进行教学设计时，提取自己活动元模式库中的活动元模式，根据教材特点、教学资源情况、学生实际等因素进行活动元设计，再将一个或几个活动元有机组成课堂活动方案，这个过程即为活动元教学设计。这种活动是以学生为中心，以学习任务为背景来进行的，将符合新课程理念的学生活动抽取出来，将其作为课堂教学的一个元素或一个环节来使用，每个活动元必须有明确的学习任务，学生在此任务驱动下进行学习活动。

2."活动元"教学在成都市高中化学教学的实施情况

近年来，成都市教育科学研究院开展了高中化学"活动元"教学的实践活动，通过基于化学学科核心素养的"活动元"教学设计的理论学习、课例研究、菜单培训、教学（设计）论文评比、课堂教学比赛等多种形式展开活动，积极探索可供一线教师借鉴的"活动元"教学设计思路，以及便于操作的教学设计模板，目前课题研究已经取得了一定阶段性成果。本课例是研究活动中的一个案例。

二、"活动元"教学设计案例分析

1. 教学内容分析

近年来，化学工艺流程图题在全国各省市高考试题中的考查已经成为常态，此类题目一般取材于教材，高于教材，注重创新意识，要求学生根据新信息，预测实验现象及产物；面对新情境，能够正解提取和处理信息，并对问题做出合理优化评价。纵观整个人教版教材，直接涉及化学工艺流程的板块主要在人教版必修2第四章第一节第二课时"海水资源的开发利用"，因此笔者将其与化学工艺流程设计结合起来，将本课题确定为"海水资源的开发利用及流程设计"。化学工艺流程意识的培养不应该到了高考复习才开始，本节课是培养学生有关化学工艺流程意识的最好契机，从高一学生入手着重培养学生基于海水资源的开发利用及流程设计的化学学科核心素养。"海水资源的开发利用及流程设计"重点是化学工艺流程设计，本课涉及海水水资源、海水化学资源的综合开发利用，海带中碘的提取及工业海水提取溴等工艺流程的设计技术，可以让学生在真实的情境中体验常见的工业生产流程、技术，可在有关物质分离、提纯、转化、检验等实验中培养学生的微粒观、元素观、变化观等化学观念；在探究海带提取和检验碘以及海水提取溴等化学物质的实验方案中引导抽象出化学工艺的基本流程设计，构建从海带中提取碘及海水提取溴的工艺流程设计的理论模型，养成从化学角度思考实际问题、用化学原理解决实际问题的习惯，在资源综合开发利用中体会化学方法与技术对综合开发、利用自然资源方面的作用，感悟化学对社会发展的重大贡献，从而形成化学学科核心素养。本课通过分析核心知识所包含的基本观念、学科思维等，并对其进行提炼加工，在教学设计中将这些基本观念和学科思维方法转化为课堂问题和学生活动，从而实现教学目标。

2. 教学目标和重难点确定

本课"海水资源的开发利用及流程设计"选择使用范围较广的现行人教版化学必修2第四章第一节教材内容。笔者按照目前关于化学学科核心素养的要求，重新审视了教材内容，挖掘其学科核心素养价值，并设计成了教学案例，深入分析如何合理选择教学内容，以这些教学内容为载体，通过有效的教学活动设计，达到培养化学学科核心素养的目的。因此确定以下三个教学目标，并阐述了每个活动元教学目标所体现的主要化学核心素养。

（1）通过实验探究、方案设计、分组实验、讨论交流，知道海带中碘的检验及提取方法，体验科学探究的过程，初步促进"科学探究与创新意识"核心素养的形成；

（2）通过归纳建模、绘制流程，能画出海带提取碘的工艺流程，逐步养成

"通过分析、推理等方法认识研究对象本质特征、构成要素及相互关系，建立模型"的核心素养；

（3）通过阅读思考、模仿绘制、讨论交流、模拟体验，掌握海水中溴元素的提取工艺及流程设计，进一步促进"科学探究与创新意识"核心素养的养成。

结合以上教学目标确立以下教学重难点：

（1）教学重点：海带中碘元素的提取、检验，以及海水中提取溴的反应原理和工艺流程。

（2）教学难点：海带中碘的提取及海水提取溴的工艺流程图的设计和模型建立。

3. 教学流程设计

教学流程及相应的化学学科核心素养见图1。

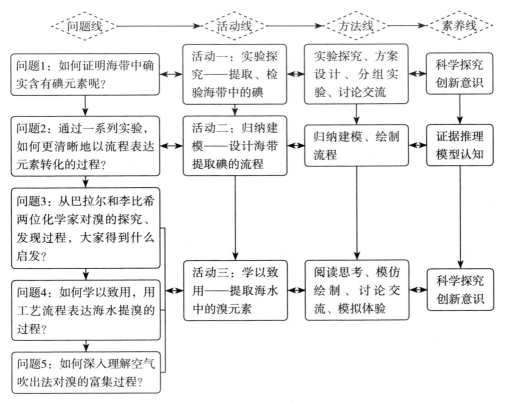

图1　"海水资源的开发利用及流程设计"教学流程及相应的化学学科核心素养

191

4. 教学过程分析

情境导入：图片引入，设疑激趣

师：同学们，被大海环绕的钓鱼岛目前一直是政治民生所热议的话题。为什么中日在钓鱼岛问题上互不相让？

生：争夺主权的背后其实是在争夺资源。

设计意图：情境导入，以全民热议话题"钓鱼岛之争"展开。同时回顾课前自主学习部分——海水淡化处理的三种方法，以图片展示帮助学生理解，与新课建立联系。

活动一：实验探究——提取、检验海带中的碘

师：同学们，海水有以下三个特点：广阔性，多样性，分散性。海水中的主要元素含量普遍较低。海水中碘元素含量：0.06 mg/L；溴元素含量：67 mg/L。正因为海水资源的富集程度很低，因此我们选择从海带中提取碘。

师：炎炎夏日来一碗海带绿豆汤便可清凉一夏。今天，各位同学就当一回食品检验员。

教师拿出干海带展示，让学生观察思考。思考：如何证明海带中确实含有碘元素？

学生分组实验，并观察记录现象、汇报交流。

设计意图：通过创设问题情境给予学生任务驱动，让学生亲身体验做一名食品检验员的成就感和自豪感，遵循学情依据最近发展区的理论，让学生自行设计方案、分组实验，从而培养学生分工合作实验、动手和探究的能力，也为活动二归纳建模、绘制化学工艺流程图做好铺垫，书写离子方程式可实现巩固双基的目的。最终学生在参与活动一的学习中体验科学探究的过程，初步促进"科学探究与创新意识"核心素养的形成。

活动二：归纳建模——设计海带提取碘的流程

师：同学们，我们以上做了一系列实验，如何更清晰地表达元素转化的这个过程？把文字信息转化为图片信息是最清晰且一目了然的，请大家看刚才我在黑板上所表达的过程，这就是流程。归纳一下，我们刚才在检验和提取海带中含有的碘元素的过程中，用了哪些实验仪器和实验原理方法。

教师讲解"海带提碘实物流程图"，结合讲台前边海带提碘的具体实验装置和仪器，边讲解边分析。

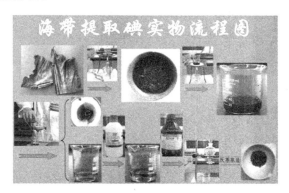

图2　"海带提碘实物流程图"

　师：化学工艺流程的一般类型包括：操作型、设备型、物质型、混合型，一般绘制思路见图3。

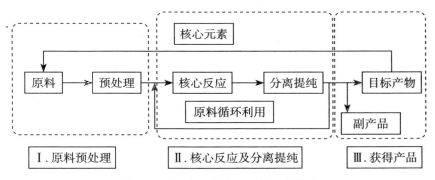

图3　绘制化学工艺流程图的一般思路

　请大家归纳建模，先独立绘制海带提取碘的流程图。完成的小组进行组内讨论交流，并派代表进行汇报交流展示。（"海带提碘工艺流程图"见图4）

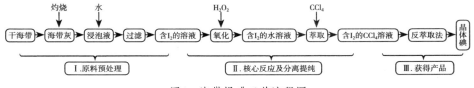

图4　海带提碘工艺流程图

设计意图：对活动一海带中碘的提取和检验实验探究进行升华归纳建模，以"海带提碘实物流程图"进行类比，并结合具体实验仪器装置进行对照，使学生思维由浅入深，培养高一学生设计化学工艺流程图的能力，从而突破难点，逐步养成"证据推理与模型认知"的核心素养。

活动三：学以致用——提取海水中的溴元素

师：同学们，我们研究了碘的提取、检验和流程设计，而海水中另外一种重要元素溴又如何提取呢？请同学们回顾课前阅读材料：【科学史话】溴的发现之旅。

表1　活动三：学以致用——提取海水中的溴元素（19 min）

活动时间	活动形式	活动过程与结果	活动目的
3 min	阅读思考 交流分享	1. 阅读［科学史话］溴的发现之旅，大家得到什么启发？ "溴的发现之旅"	通过回顾溴的发现之旅，培养学生证据推理的核心素养，树立科学精神。
8 min	独立阅读 自我绘制 组内讨论 展示交流	2.阅读教材P91"资料卡片"，参照海带提碘的工艺流程，设计并画出海水提溴的工艺流程图。 海水提溴的工艺流程图	学以致用，培养学生知识迁移能力和提炼教材知识的能力。
4 min	分析书写	3. 写出上述"空气吹出法"模拟工业中海水提取溴流程中的相关化学反应方程式。 ①_____ ②_____ ③_____	强化学生过手训练，落实双基。

活动时间	活动形式	活动过程与结果	活动目的
4 min	参与实验 观察记录	4. 亲身参与实验，体验"空气吹出碱吸收法制溴"的溴单质富集过程。	让学生参与实验演示，有利于学生深层次理解溴富集的含义。

师：从巴拉尔和李比希两位化学家对溴的探究、发现过程，大家得到什么启发？

生：我们在以后的学习以及科研道路上一定不能错过任何一个不寻常的发现，应该认真记录并研究背后的科学规律。

师：（鼓励评价）掌声送给这位未来的小化学家。同学们，我们应该树立证据推理、严谨求实的科学态度（科学精神）。

师：接下来我们一起完成活动三第二个板块。阅读教材P91"资料卡片"，参照海带提碘的工艺流程，画出海水提溴的工艺流程图。先独立完成，后小组讨论交流、汇报展示。（教师不断巡视指导）

学生独立阅读、自我绘制、组内讨论、展示交流。

教师演示实验，请两位同学亲身参与实验，体验"空气吹出碱吸收法制溴"的溴单质富集过程。

（1）实验药品：氢氧化钠溶液、溴化钠溶液、稀硫酸溶液、氯水、蒸馏水。

（2）实验仪器：试管、烧杯、锥形瓶、集气瓶、分液漏斗、漏斗、吹风机。

（3）实验操作说明：用漏斗蘸取蒸馏水，用吹风机模拟热空气，溴化钠溶液模拟浓缩海水。考虑二氧化硫污染环境，基于环境保护、操作安全、实验条件，以氯水作为氧化剂，氢氧化钠作为溴的吸收剂，锥形瓶中氢氧化钠作为尾气处理装置，最后用浓度稍大的稀硫酸将吹出去的溴元素制备成溴单质，演示"空气吹出碱吸收法模拟制溴"。

学生参与实验、观察记录、思考反应原理。

师：同学们看，这是从开始到结束，我们用空气吹出法模拟一分钟的结

果，如果持续通入很长时间，最终溴会不断被浓缩，这就是溴的富集过程。（见图5和图6）

图5 空气吹出碱吸收法模拟制溴短时间的现象

图6 空气吹出碱吸收法模拟制溴长时间的现象，即溴的富集

（4）空气吹出碱吸收法模拟制溴的化学反应原理：

① $Cl_2 + 2NaBr === 2NaCl + Br_2$

② $Br_2 + 2NaOH === NaBr + NaBrO + H_2O$

③ $NaBr + NaBrO + H_2SO_4 === Br_2 + Na_2SO_4 + H_2O$

设计意图： 活动三"学以致用"是在活动二"归纳建模"基础上的知识迁移应用。课堂对［科学史话］的讲解同样以流程图的形式呈现，目的是进一步与本课主题化学工艺流程设计相呼应，培养学生证据推理的核心素养，树立科学精神。阅读教材"资料卡片"绘制海水提溴的工艺流程，有利于培养学生提炼信息以及知识迁移的能力。书写空气吹出法模拟海水提溴的相关化学反应方程式，可强化学生过手训练，落实双基。设计学生参与实验演示"空气吹出碱吸收法模拟制溴"，有利于学生深层次理解溴富集的含义，激发学生学习热情以及提高课堂参与度，最终掌握海水中溴元素的提取工艺及流程设计，促进"科学探究与创新意识"核心素养的养成。

三、教学反思

本节课充分贯彻成都市教研员邓玉华老师的"活动元"教学理念，以及成都市龙泉驿区教科院化学教研员李思盛老师所倡导的"3D"教学理念，即：引导学生学习、引导学生思维和引导学生寻法，让学生在学习中更好地体验"三动"：行动、心动、神动，最终完成"三达成"：达成目标、达成习惯、达成快乐；同时遵循生本教育理念，设置"前置性学习"并进行检验反馈评价。接下来，笔者将从以下几个方面对本节课进行总结反思。

（1）本课教学以活动元的形式，通过设计前置性任务学习，课堂设计三个具有逻辑关系、难度逐层递进的活动元任务驱动学生自主学习，发挥学生的积极能动性，使学生成为学习的主人。

（2）本课通过实验探究、分组实验、设计方案、参与实验演示、阅读史话等多样化的素材情境，组织科学探究活动，使学生知道海带中碘和海水中溴的检验、提取方法以及工艺流程绘制，了解科学探究的一般思路和方法，发展了学生的"科学探究与创新意识""证据推理与模型认知"等学科核心素养。

（3）多样的学生活动设计，最终目的是使学生掌握海带中碘元素的提取、检验，以及海水中提取溴的反应原理和工艺流程，突破"海带中碘的提取及海水提取溴的工艺流程图的设计和模型建立"的学习难点。将抽象的化学工艺流程的设计直接以实物流程图呈现更加清楚明了，学生参与实验演示和分组实验更加激发了实验探究兴趣，培养了社会责任感和参与意识，在愉快的实验氛围中轻松突破学习中的重难点内容。同时，多样化的情境及探究活动为发展学生学科核心素养提供了载体。

（4）本节课设计的指导思想为"学为主体，教为主导"。通过任务牵引，问题驱动，活动支持，知识落实，多条线索并进，开展自主学习、合作学习、实验探究、归纳建模和学以致用。学生在自主学习和合作学习的轻松切换中，成为自我引导的学习者、思考者，信息的使用者和生产者，学习的合作者和问题的解决者，而老师则是学生学习坚定的支持者、合作者和评价者。这样的设计充分体现了以学生为中心的理念，强调学生对知识的主动探索、主动发现和对所学知识意义的主动建构。

总之，核心素养不是直接由教师教出来的，而是在问题情境中借助问题解决的实践培育起来的。提升学生化学学科核心素养，要让学生明白所学化学知识的价值基础和教育课程改革的基本目标，就是让学生积极主动地学，这也是提升学生学科核心素养的必然要求。提升学生化学学科核心素养，要让学生在自主实践中提高能力、发展素养。提升学生化学学科核心素养，教师要科学地处理教材内容，化学学科核心素养不可能凭空产生，它们一定内隐在化学教学内容之中。教师要根据学生的实际情况，结合教学内容，围绕发展学生化学学科核心素养这一目标，创造性地开发和使用教材，挖掘教材内容所包含的素养教育，达成发展学科核心素养的目的。

参考文献：

［1］周业虹.基于发展化学学科核心素养的教学设计案例分析［J］.化学教学，2016（8）：36-39.

［2］李姗姗，唐劲军.基于发展学生化学学科核心素养的教学设计：以"海水资源的开发利用"为例［J］.化学教学，2017（8）：42-46.

［3］封君.基于落实化学学科核心素养的教学实践：以苏教版必修1专题2"氧化还原反应"教学为例［J］.化学教与学，2017（3）：53-55.

［4］王锋，傅兴春.活动元教学设计研究及应用的文献综述［J］.中小学教学研究，2016（12）：3-6.

［5］李晓梅.浅尝"活动元"，让化学课堂灵动起来［J］.科学教育，2016（11）：120-121.

［6］傅志明.剖析化学工艺流程图题［J］.数理化解题研究，2018（4）：79-80.

［7］徐守兵."海水资源的开发利用"教学设计与实践［J］.化学教学，2009（12）：40-43.

［8］钟启泉.基于核心素养的课程发展：挑战与课题［J］.全球教育展望，2016，45（1）：3-25.

基于"项目式学习"的物质制备实验教学设计

——以"海水资源的开发利用之海带提碘实验"为例

一、教材分析

本节课的内容属于"物质的分离"这一主题，通过"从海带中提取碘"这一具体课题，不仅要让学生掌握灼烧、过滤、蒸馏等分离方法的原理和操作技能，还要促进学生形成解决物质分离问题的一般思路和方法。

二、学情分析

（1）高一学生的认知和思维处于由形象到抽象发展过渡的关键时期。

（2）学生已具备了一定的化学基础知识，具备一定的实验操作能力、观察能力、归纳能力。

三、设计思想

将项目式学习应用于本课堂之中，由以下几个步骤构成：选择项目、设计方案、实施过程、交流评判、总结评价，加强学生的团队意识，提高学生的化学核心素养。

四、教学目标

（1）通过有目的地阅读资料，提高获取信息的能力。

（2）通过项目式学习提碘的过程，体验科学探究的过程，提高创新能力。

（3）通过从实验室提碘到工业提碘认识工业制备的要点。

五、教学重难点

（1）教学重点：提取碘单质的过程和方法。

（2）教学难点：提取碘单质的方法。

六、教学准备

PPT、学案。

七、教学方法

讲授法、讨论法、练习法、任务驱动法、自主学习法。

八、教学过程

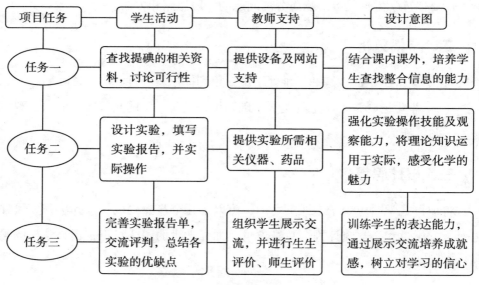

图1　教学过程流程图

表1　教学过程概述

课堂环节	教学内容	学生活动	设计意图
引入 （1 min）	展示含碘图片，提出问题：为什么加碘食盐要添加碘元素？ 除此之外，碘元素还有很多其他的应用，所以要提取碘单质。	回答问题。	引出碘的重要性，说明提碘的必要性。
探究提碘步骤 （9 min）	提问：自然界哪里含碘比较多？ 展示海洋中元素分布图。 提问：生活中什么物质富集碘的能力比较强？ 提问：海带中是否真的含有碘元素？如何验证呢？ 提供资料1：海洋中有许多具有富集碘能力的海藻植物，如海带就是著名的"采碘能手"，一般干海带中含碘量可达0.3%～0.5%，有的甚至高达1%，约是海水中碘浓度的10万倍。 提问：碘元素在海带中到底是以什么形式存在的呢？ 提供资料2：海带含有蛋白质、脂肪、糖类、粗纤维、褐藻胶、甘露醇、维生素等有机物（主要含C、H、O等元素）以及含碘元素的无机物。其中碘元素主要有以下列几种形式存在： I^-：88.3% 有机碘：10.3% IO_3^-：1.4% 提问：如何将KIO_3转变为I^-？ 提问：如何尽可能地将海带中的IO_3^-、有机碘都转化为I_2？	预设回答：海水。 得出结论：海洋中含碘总量大，但是浓度小，直接从海水中提取碘不合适。 预设回答：海带。 预设回答：用淀粉检验碘单质，用硝酸银检验碘离子。 阅读资料，联系初中学过的碘酸钾分解制备碘化钾得出结论。 认真阅读资料，预设回答：碘离子。 预设回答：灼烧。	引出本课内容——海带提碘。 回顾如何检验元素。 通过资料1验证生活常识。 联系初中所学习的内容，提高学生的迁移能力。

课堂环节	教学内容	学生活动	设计意图
探究提碘步骤（9 min）	提供资料3： ① 灼烧海带，KIO_3受热分解，先发生反应：$2KIO_3 \xrightarrow{\triangle} 2KI + 3O_2\uparrow$，后发生反应：$KIO_3 + 5KI \xrightarrow{\triangle} 3K_2O + 3I_2$。 ② 海带中的有机碘（主要是3，5-二碘酪氨酸，分子式为$C_9H_9I_2NO_3$）结构简式如下： 燃烧时先发生反应： $4C_9H_9I_2NO_3 + 37O_2 \xrightarrow{\triangle} 36CO_2 + 14H_2O + 2N_2 + 8HI$，后发生反应：$2HI \rightleftharpoons H_2 + I_2$，$2HI + K_2O \rightleftharpoons 2KI + H_2O$。 提问：如何对海带进行预处理？ 提问：预处理之后碘元素以什么形式存在？	阅读资料，思考讨论。	通过阅读资料提取信息，提高学生总结概括的能力。
提碘具体实验操作（18 min）	过渡： 刚才从理论操作上总结了海带提取碘单质的过程，我们一起来看看具体的实验操作。 观看视频： （1）灼烧海带，向装有海带灰的烧杯中加入10 mL蒸馏水，搅拌，煮沸2~3min，使可溶物溶解。 提问：能否用水洗海带？ 提问：为何用酒精润湿？ （2）过滤。 （3）向滤液中滴入4滴稀硫酸，再加入约1 mL H_2O_2溶液。 （4）取少量上述滤液至试管中，加入几滴淀粉溶液，观察现象。 提问：为何加稀硫酸酸化？	认真观看视频，思考问题。 类比高锰酸钾酸化的原因，书写离子方程式。	通过实验视频熟悉实验操作，提高观察能力。 循序渐进学习提碘的原理。

课堂环节	教学内容	学生活动	设计意图
提碘具体实验操作（18 min）	提问：写出H_2O_2氧化碘离子的离子方程式。 小组实验：分小组完成后面的步骤，总结实验现象。	分小组完成实验，并且总结实验现象和实验失败的原因。	
项目式学习提碘汇报（8 min）	提问：刚才的实验只得到了碘的水溶液，并未得到碘单质，如何提取晶体碘？ 提问：蒸馏是否真的可以制取晶体碘？ 播放视频：蒸馏法制碘。 总结：由视频可以看出，蒸馏法并不能很好地制取碘单质，那如何制取呢？围绕此问题建立项目式学习小组，学生查阅资料后发现有以下制取碘单质的方法：升华法、空气吹出法、反萃取法。项目式学习小组成员分别上讲台汇报实验的过程以及每一种方法的优缺点，总结如下： <table><tr><td>制取方法</td><td>优缺点</td></tr><tr><td>蒸馏法</td><td>蒸馏时间长，并且无法得到碘单质，分析应该是由于碘单质易升华的特性</td></tr><tr><td>升华法</td><td>只能出现紫红色碘蒸气，凝聚成少量碘单质固体</td></tr><tr><td>空气吹出法</td><td>只能起到富集碘的作用，难以使碘单质在水溶液中析出来，并且吹出时间长，耗能大</td></tr><tr><td>反萃取法</td><td>操作比较简单，现象明显，但四氯化碳气味很大</td></tr><tr><td>总结</td><td>反萃取法制碘单质的效果较好</td></tr></table>	预设回答：加四氯化碳萃取后蒸馏。 观看视频。 小组汇报，其他同学认真聆听。	组内同学相互帮助，团结协作，将最终结果进行展示交流，使学生产生价值感，树立学习的信心，加强团队意识。
工业提碘（4 min）	总结构建提取物质的思维雏形 海带 → 灼烧 → 溶解 → 过滤 → 氧化（蒸馏水、H_2SO_4、H_2O_2） → 萃取、分液（CCl_4）→ I_2的四氯化碳溶液 → 后期处理 → 晶体碘	得出结论：使用过氧化氢作氧化剂更好。	由提碘延伸出提取物质的一般思维雏形。

课堂环节	教学内容	学生活动	设计意图
工业提碘 （4 min）	即原料预处理→除杂→通过反应得目标产物 →提取目标产物 提问：上述制取碘的方式能否广泛应用于工业中？ | 原料	价格（元/吨） | |---|---| | H₂O₂ | 3000 | | KMnO₄ | 8000 | | Cl₂ | 100 | | Na₂O₂ | 1000 | 介绍灰化法 过程：海藻干燥→烧成灰→热水浸取→蒸发浓缩→氧化→分离 缺点：技术落后、能耗高、产量低 现如今工厂使用较多的是离子交换树脂法，吸附树脂具有吸附效果好、性能稳定、适用范围广、实用性好等特点。 卤水（含碘离子）→絮凝剂→沉降分离→渣；清液→酸化（H₂SO₄）→氧化（Cl₂）→上柱→流出液回柱；解脱（Na₂SO₃）→氧化（KClO₃）→精制→碘产品	认识工厂提碘和实验室提碘的不同之处。	由实验室提碘的弊端引出工业提碘的方式。 将课内课外知识相结合，既落实了资源的开发与利用知识，又教给了学生制备物质的思路和方法，同时引导学生关注社会问题。 由实验室制碘延伸至工业制碘，由此说明实验室和工厂制备化学物质的区别和共同点。

课堂环节	教学内容	学生活动	设计意图
工业提碘 （4 min）	除了以海带为原料使用离子交换法提取碘单质外，还可以用含碘硝石、天然卤水、海藻、磷矿石，使用如下方法：氧化还原法、离子交换法、活性炭吸附法、溶剂浮选法提取碘单质。 提问：综上所述，在工厂提取化学物质要考虑哪些因素？	思考总结：能耗、环境、经济	

九、板书设计

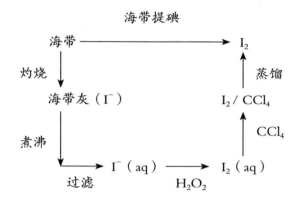

十、教学反思

海带提碘，来源于教材而高于教材，属于真实问题，可落实基础知识，提供研究思路与方法，通过项目式学习调动学生参与的积极性，并且更加熟悉实验操作，节约时间，提高课堂效率，但是实验过程当中也有一些局限性，因为是中学实验，所以缺乏很多更先进的实验仪器，很多实验不能开展，并且简化了实验操作，与真实生产有一定差距，如果能够与大学实验室合作就更好。

基于"项目式学习"实验探究的教学实践

——以"水中溶解氧对二氧化硫性质的影响实验"为例

新课程标准的出台，对基于学科核心素养培育的课堂教学提出了更高的要求，新时期的课堂转型势在必行。项目式学习是一种建构主义理论下以学生为中心的教学方式，主张学生通过一定时长的小组合作方式，解决一个真实情境中复杂的、具有挑战性的问题，规划设计项目学习活动，突出学生的学习主体地位。

在学生自己建构知识的过程中，学生是学习过程的主体，教师是辅助、协助的领路人，帮扶学生在学习进程中前行。化学学科将实验探究应用于项目式学习，将对发展学生化学学科核心素养起到重要作用。

一、项目式学习主题的确立

在人教版必修一第四章第三节《硫和氮的氧化物》中，有关SO_2性质的实验探究，是高中元素化合物知识的重要组成部分。SO_2作为酸性氧化物，可以与$Ba(OH)_2$、Na_2CO_3等碱或盐反应，其中根据弱酸不能制强酸的原理，SO_2通入$BaCl_2$溶液中理论上应没有明显现象，然而学生在实际探究过程中，发现随着反应的进行，溶液中会出现浑浊的现象，这就与学生的认知产生了冲突，引发学生思考并提出问题：沉淀是什么？溶液中发生了什么反应？如何证明溶液中发生的反应？围绕这些问题，笔者确立了项目主题——溶液中看不见的手。

二、项目式学习目标的设计

通过对沉淀成分和S元素化合价变化的分析，初步学会利用证据推理并构建S的价类二维模型。通过不同条件下反应物对溶解氧变化的实验设计，学会利用控制变量、对比实验的科学探究方法。通过便携式溶氧仪的使用、实验装置的改进，初步形成创新意识和科学精神。通过调查研学，了解溶解氧在自然水体中的应用，体会化学学科的社会价值，增强社会责任感。

三、项目式学习的实施

1. 项目启动

初步了解项目式学习特点和实施过程，包括项目名称、学习小组、研究过程、时间安排。

例如项目分组，每组4名同学，分工协作，每组确定1名组长，共6组。

2. 资料搜集

本项目中资料搜集、查阅工作贯串始终，有若干相关资料的收集环节，当学生遇到问题时，即可自行查阅资料，而非一开始就把所有可能性都考虑完全，这也符合学生循序渐进克服困难、螺旋式推进项目的真实情况。

3. 方案设计和评估

围绕以活动元方式开展的各子项目开展不同的实验方案设计，大胆猜想，小心验证，体会"控制变量"在实验探究中的意义。各小组进行实验方案汇报，并对实验设计方案的可行性进行评估。修改完善实验设计方案。

4. 实验研究

[活动元一] 提出疑问、设计方案

学生将SO_2通入$BaCl_2$溶液中，观察现象：溶液产生浑浊。学生提出疑问：沉淀是什么？

学生猜想可能为$BaSO_3$，也可能为$BaSO_4$，或者两者都有。接着学生按照各自猜想的产物拟定实验方案，探究最终沉淀是什么。

① 有学生提出通过过滤得到沉淀，往沉淀中加盐酸，沉淀完全溶解则为

BaSO₃，沉淀不溶解则为BaSO₄，部分溶解则两者都有。

② 向浑浊液体中持续通入SO₂，若沉淀溶解则为BaSO₃。

③ 将沉淀与盐酸反应生成的气体通入酸性高锰酸钾溶液，如果褪色则含有BaSO₃。

④ 还有学生提出将沉淀洗涤、干燥，向其中滴加盐酸，再洗涤、干燥，对比前后质量的变化，若质量无明显变化，则不含BaSO₃，只能为BaSO₄。

学生经过实践，发现过滤消耗时间长，有同学想到用离心机快速分离出沉淀进行检验，随后发现用盐酸检验沉淀的方式也不理想，推测可能BaSO₃含量低，气泡产生不明显。

学生经过讨论，联想到亚硫酸盐的还原性，因此设计方案向沉淀中滴加酸性高锰酸钾溶液，若沉淀会使酸性高锰酸钾溶液褪色，则证明其中含有BaSO₃。

于是，向沉淀中滴加酸性高锰酸钾溶液，但是仍然有褪色的现象，分析可能是由于残留的少量液体中溶有SO₂，使酸性高锰酸钾溶液褪色。

为了避免残留液体中SO₂的干扰，学生讨论并设计实验用蒸馏水洗涤沉淀后再滴入酸性高锰酸钾溶液，观察是否褪色。

实验结论为沉淀不能使酸性高锰酸钾溶液褪色，说明沉淀中不含BaSO₃，只能是BaSO₄。

[活动元二] 理论分析、建构模型

SO₂究竟是怎样转变成硫酸盐的呢？根据硫元素的化合价和物质类别，学生可以建立S元素的价类二维模型（图1），然后思考溶液中有几种SO₂转变成硫酸盐可能发生的转化路径和原因。

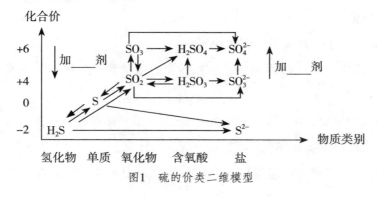

图1　硫的价类二维模型

学生总结出溶液中可能发生的变化：

① $SO_2 \rightarrow SO_3 \rightarrow H_2SO_4 \rightarrow BaSO_4$

② $SO_2 \rightarrow H_2SO_4 \rightarrow BaSO_4$

③ $SO_2 \rightarrow H_2SO_3 \rightarrow H_2SO_4 \rightarrow BaSO_4$

④ $SO_2 \rightarrow H_2SO_3 \rightarrow BaSO_3 \rightarrow BaSO_4$

学生经过分析得出，SO_2转化为SO_3在溶液中无法实现，SO_2很难在溶液中被O_2直接氧化为H_2SO_4，而H_2SO_3与$BaCl_2$若反应则是弱酸制强酸，因此溶液中可能的转化路径为③。

［活动元三］实验探究、得出结论

如何证明溶液中发生的反应呢？以上学生的讨论是从生成物的角度，分析产物是什么来证明反应的发生。而化学反应的组成，除了生成物，还有反应物。学生认识到还可以从反应物减少的角度证明反应的发生，讨论有什么反应物会减少，学生分析有SO_2，SO_3^{2-}，$BaCl_2$。而SO_2转化为$BaSO_4$的过程中涉及S元素化合价的改变，因此过程中一定有某种氧化剂参与，学生立即猜想到O_2。

氧化SO_2的O_2的主要来源，是空气中的O_2还是溶液中的O_2呢？有没有办法来检验溶液中O_2的变化呢？学生对溶解在溶液中的O_2进行了研究，查阅资料发现，这部分氧气有一个更加学术的名称——溶解氧，同时查阅到便携式溶氧仪能够快速测量溶液中的溶解氧含量，因此设计通过将SO_2持续通入$BaCl_2$溶液中溶解氧含量的变化来证明反应的发生。

经过讨论，学生设计如下一组对比实验，探究不同情况下溶解氧含量的变化：

（1）SO_2通入正常$BaCl_2$溶液前后溶解氧含量，从约8 mg/L降低到1 mg/L。溶液中出现大量浑浊。学生思考得出该反应只能说明溶解氧被消耗，但不能确定与哪种反应物有关。

（2）接着测量$BaCl_2$溶液放置一段时间前后的溶解氧含量，始终约8 mg/L，且溶液无明显现象，学生得出$BaCl_2$不消耗溶解氧。

（3）再将SO_2通入水中，测量前后溶解氧含量的变化，从约8 mg/L降低到2 mg/L，溶液无明显现象，说明SO_2消耗溶解氧，且观察不到明显现象。

（4）最后测量SO_2通入少氧的$BaCl_2$溶液前后溶解氧含量。将$BaCl_2$溶液加热煮沸，迅速注入一层植物油，待冷却后，通入SO_2，从约3 mg/L降低到2 mg/L，溶液中出现少量浑浊，说明溶解氧含量低，溶液中出现的浑浊较少。

学生得出结论，$BaCl_2$不消耗溶解氧，SO_2消耗溶解氧，由于+4价硫有还原性，最终生成$BaSO_4$的量与溶解氧含量有关，因此的确是水中溶解氧将SO_2氧化导致浑浊现象产生。

5. 项目汇报

课堂上，学生分析了SO_2通入$BaCl_2$溶液中，最终产生沉淀$BaSO_4$的原因，是由于水中溶解氧将SO_2氧化，明确了产生沉淀的多少与溶解氧含量有关，并且阐释了溶解氧的概念及其有益和有害的部分，分享了溶解氧作为反映水体自净能力的一种依据，在20℃、100 kPa下，纯水里大约溶解氧9 mg/L。有些有机化合物在好氧菌作用下发生生物降解，要消耗水里的溶解氧。如果有机物以碳来计算，根据$C + O_2 \xrightarrow{\text{点燃}} CO_2$可知，每12 g碳要消耗32 g氧气。当水中的溶解氧降到5 mg/L时，一些鱼类的呼吸就发生困难。水里的溶解氧由于空气里氧气的溶入及绿色水生植物的光合作用会不断得到补充。但当自然水体受到有机物污染，耗氧严重，溶解氧得不到及时补充时，水体中的厌氧菌就会很快繁殖，有机物因腐败而使水体变黑、发臭。为了了解一些水体的污染状况，同学们还走出校门，测量了府南河等一些水体的溶解氧指标。

超过饱和溶氧量称为溶氧过高，长时间溶氧过高会对鱼类造成一些伤害。但是正常情况下鱼塘一般不会出现溶氧过高的情况，超过饱和以后，氧气会自然逸出。锅炉生产中溶解氧超标主要引起氧腐蚀，氧腐蚀的速度比较快，会造成金属表面出现麻点。一般锅炉超标运行不到两年就差不多到寿命，腐蚀减薄了锅筒及受热面，运行时会发生危险。

6. 交流答辩

有学生提出质疑，认为SO_2被氧化，有可能是因为空气中的氧气，但水中溶解氧数值的下降，更能说明其参与反应的本质。另外，小组同学认为溶解氧数值受多种因素影响，如与空气里的氧气分压、大气压、水文和水质有密切的关系。

7. 成果论证

实验结束之后，有学习小组联想到溶液中消耗氧气的反应，分别测量了蒸馏水、Na_2SO_3溶液、Na_2S溶液、$FeSO_4$溶液中的溶解氧含量，再根据溶解氧含量的变化，推测溶液中发生的氧化还原反应并书写相应的化学方程式。水中溶解氧的消耗，的确可以帮助我们判断一些肉眼不易观察到的化学反应的发生。

四、教学反思

活动元一通过SO_2通入$BaCl_2$溶液中产生浑浊这一异常实验情境打破了惯性思维的藩篱，让学生领略了真实的化学。对沉淀成分的分析，可培养学生"宏观辨识与微观探析""证据推理与模型认知"等学科核心素养。活动元二驱动学生从物质的结构观、类别观、元素的价态观角度推理反应的可能路径，并为逻辑推理寻找相应的证据，形成物质性质认知的一般模型。活动元三旨在通过对比实验，学会控制变量的思想，驱动学生从定性思维转向定量思维，在解决真实问题的过程中，培养信息处理能力，发展定量思维，体会科学探究的艰辛与曲折，培育"证据推理与模型认知""科学探究与创新意识"等学科核心素养。

项目式教学，是一种生成性较强的高水平教学方式，对实现新课程理念下的课堂转型具有很好的实践意义。本项目学生通过实验方案设计，层层推理，得出SO_2通入$BaCl_2$溶液中最终产生$BaSO_4$的结论，并从反应物减少的角度，理解溶液中肉眼观察不到的氧化还原反应的发生，通过分析S元素化合价的改变，构建S的价类二维模型，通过设计实验，改进实验装置，培养控制变量、对比实验的科学探究方法和创新意识。

本研究基于高中化学项目式教学案例开发，通过广泛搜集并深入挖掘情境素材的素养发展价值，确定了一系列具有可操作性的项目学习主题，明确了项目式教学设计和实施的基本方法和思路，发现了学生在真实复杂情境下解决问题能力的关键发展点，对高中化学课堂教学研究有一定借鉴意义。

参考文献：

[1] 侯静.基于真实情境下项目式教学设计与应用：以"解密乙醇水蒸气重整制氢"为例 [J].中小学教学研究，2019（9）：28-34.

[2] 王雅敏，杨光辉.基于DIS技术的项目式学习教学设计与实施：以"催化剂"为例 [J].教育，2019（48）：64-68.

[3] 邵传强.指向核心素养的高中化学引入真实情境的教学探索 [J].中学化学教学参考，2018（9）：12-15.

[4] 王磊.基于学生核心素养的化学学科能力研究 [M].北京：北京师范大学出版集团，2017.

基于"项目式学习"的化学与生活教学设计

——以"食品中铝元素的测定"为例

一、项目教学目标

（1）以人体中铝元素的来源、过量摄入铝元素危害人体健康的真实情境为出发点，利用价类二维图引导学生学习铝及其化合物的性质、Al^{3+}水解原理等相关化学学科知识，体会研究物质性质的方法和步骤，发展学生变化观念与平衡思想素养。

（2）通过设计实验检测食品中的铝元素，体会控制变量法在实验探究过程中的重要地位，借助实验现象寻找证据，发展宏观辨识与微观探析、证据推理与模型认知素养；学会正确的实验操作、合理的实验设计和分析，提高学生综合运用实验方法解决真实问题的能力，从而发展学生科学探究与创新意识素养。

（3）通过上网查阅文献、市场调研、撰写倡议书或制作海报等形式，发展学生科学态度与社会责任素养。

二、项目实施过程

活动一：调研人体内的铝元素

任务1：文献查阅

人体中铝元素的来源：组织学生查阅文献，写出调研报告，然后学生结合自己上网查阅到的信息及个人研究的兴趣点自由组合，组建项目小组，选定项目主题，合理分工，明确各自任务，同时在班上集体讨论建立评价标准。

任务2：市场调研

走访商店，了解食品配料；

走访药店，了解含铝药品的成分；

随机采访面制品制作师傅，了解发酵方法。

活动二：食品中铝元素的测定（定性）

表1　任务1：分组设计实验方案表

实验原理	
实验器材	
实验药品	

汇报交流，确定实验方案。

任务2：实验方案实施

准备好实验仪器和药品。

记录实验数据，小组学生根据自己小组的实验思路设计实验表格。实验记录包括实验名称，实验目的，实验原理，实验材料，实验仪器，实验方法。

表2　《食品中铝元素的测定》实验报告单

实验题目				日期	
班级		组名		姓名	
实验目的					
实验原理					
实验器材	药品：_____ 仪器：_____				

实验步骤	
定性测定	
实验结论	

活动三：食品中铝元素含量测定（分光光度法）

（1）认识铝及其化合物的价类二维图；

（2）用铝试剂分光光度法测定食品中铝的含量。

1. 实验目的

利用铝试剂定性、定量检测食品中的铝。

2. 实验原理

在弱酸性介质中，铝试剂与铝反应生成红色络合物，其吸光度与铝的含量在一定浓度范围内成正比，通过标准曲线计算待测样品铝含量。

3. 实验器材

分光光度计，比色皿，分析天平，水浴锅，研钵，烧杯，容量瓶，试管，漏斗，滤纸，铁架台，pH试纸等。

4. 试剂溶液

0.2%铝试剂溶液（提前配制）；10%氢氧化钠溶液（10 g/100 mL），盐酸溶液（1.2 mol/L），硫酸溶液（1∶3），氨水（1∶4）。

铝标准溶液配制：准确称取硫酸铝钾1.759 g，加水100 mL和（1∶3）硫酸溶液10 mL，溶解后用纯水定容到1000 mL，使每升溶液中含铝100 mg，作为贮备液。吸取100 mg/L的铝标准贮备液10 mL到100 mL容量瓶中，用纯水定容到刻度，得10 mg/L的铝标准工作液。（提前配制）

铝试剂显色剂的配制：称取0.125 g铝试剂和33.35 g醋酸铵，用少量水温热溶解，加入31.5 mL盐酸溶液。然后，转入250 mL容量瓶中，定容并摇匀，储存

于棕色瓶中，于暗处保存。（现场配制）

表3　分光光度法测定食品中的铝元素实验报告单

实验步骤	实验操作	实验现象	实验结论
1. 样品处理	准确称取样品2 g，充分研磨；加入浓盐酸10 mL，混匀溶解2小时以上；过滤，将滤液转移至25 mL容量瓶，加适量氢氧化钠溶液中和至pH为6左右；用纯水定容，作为待测样品溶液备用。		
2. 定性检测	取步骤1中待测样品溶液1.00 mL于试管中，加入0.30 mL0.2%铝试剂溶液；加水3.70 mL，摇动；将试管放入水浴锅中煮沸5 min后观察。		
3. 定量检测	取0.50 mL待测样品溶液于试管（编号T）中，加入0.2 mL铝试剂显色剂，补充纯水到总体积为5 mL，充分摇动；另外分别吸取0.00、0.05、0.10、0.20、0.30、0.40、0.50 mL浓度为10 mg/L的铝标准工作液于试管（分别编号B，S1～S6）中，与待测溶液同步处理。此系列标准溶液中铝的质量浓度分别为0.00、0.10、0.20、0.40、0.60、0.80、1.0 mg/L。放置显色15 min后，用分光光度计在520 nm处分别测定铝系列标准溶液和待测溶液的吸光度值，重复测定2次，并记录数据；根据数据绘制标准曲线，求出铝的含量。		

表4　分光光度法测定食品中的铝元素实验数据记录

试管编号	B	S1	S2	S3	S4	S5	S6	T
标准溶液/样品（mL）	0.00	0.05	0.10	0.20	0.30	0.40	0.50	0.50
铝试剂显色剂（mL）	0.20	0.20	0.20	0.20	0.20	0.20	0.20	0.20
纯水（mL）	4.80	4.75	4.70	4.60	4.50	4.40	4.30	4.30
铝离子浓度（mg/L）	0.00	0.10	0.20	0.40	0.60	0.80	1.00	
吸光度（A）								

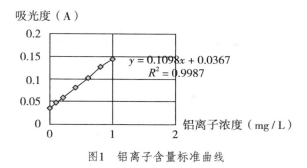

图1　铝离子含量标准曲线

活动四：学生展示交流评价海报、PPT展示

略。

三、教学反思

（1）基于学生身边的真实问题，开展项目式学习，使学生主体性地位落地。

（2）利用人体中铝元素的来源这个生活问题搭建了铝及其化合物转化关系模型。

（3）多元化评价，使项目式教学模式化，将微项目教学应用于常态课堂教学中。

（4）万事开头难，带着模糊的目标去做，去实践，学生在问题驱动下学习，目标会越来越明确。

基于"项目式学习"与DIS技术
应用的教学设计

——以"催化剂"为例

一、学习目标

（1）利用DIS技术，宏观辨识$KMnO_4$溶液和$H_2C_2O_4$溶液的反应，微观探析催化剂在化学反应中的重要作用。

（2）通过项目式学习，进一步探究H_2O_2分解催化剂选择的影响因素，初步体验项目式学习的过程及研究方法。

（3）以调查研学方式，了解成都水井坊窖泥中酒曲对酒品质的影响，从催化剂的应用角度体验化学对社会发展的重要价值。

二、学习重难点

（1）催化剂选择的研究方法。
（2）项目式学习的设计、实施及评价。

三、学习过程

［情境创设］

同学们在参观酒厂的时候，发现酿酒过程中，需要用到酒曲作催化剂。催化剂是如何影响化学反应的呢？我们通过下面的实验和仪器来进行研究。

［活动元教学］

表1　活动元—实验探究，催化剂对化学反应速率的影响

时间	活动形式	活动过程及结果	教师活动	设计意图
2 min	分组实验	实验步骤： 2 mL 0.1 mol/L H₂C₂O₄溶液 → 振荡 → 观察现象 4 mL 0.01 mol/L酸性KMnO₄溶液 反应原理： $2MnO_4^- + 5H_2C_2O_4 + 6H^+ \Longrightarrow 2Mn^{2+} + 10CO_2\uparrow + 8H_2O$	1. 指导学生利用教材实验，即酸性KMnO₄和H₂C₂O₄的反应进行分组实验，观察溶液颜色变化及相应时间节点。 2. 组织学生对实验现象进行交流并发现问题"为什么反应速率会由慢变快呢？"	通过学生动手实验，加强学生在实验过程中的实验观察和分析能力，促进学生对特殊现象的质疑和探究水平的发展。
2 min	讨论交流	实验记录： 1. _____ 2. _____ 提出问题： _____ 小组讨论： 出现上述现象可能的原因是什么？ 猜想1：_____ 猜想2：_____	3. 引导学生从影响反应速率因素的角度分析，排除反应物浓度和压强的影响，分析变化原因可能是温度或催化剂产生了影响。	
2 min	观察实验	【实验验证】使用DIS数字化实验仪器进行数据采集 CO₂传感器 2 mL MnSO₄溶液 温度传感器 20 mL 酸性KMnO₄溶液 10 mL H₂C₂O₄溶液	1. 利用CO₂传感器和温度传感器测定反应中CO₂含量和温度随时间的变化曲线。	通过数字化实验探究，帮助学生明确催化剂能显著影响化学反应速率，同时也为活动二利用数字化实验判断化学反应速率打下基础。

续 表

时间	活动形式	活动过程及结果	教师活动	设计意图
1 min	记录分析	【实验记录】 宏观现象： _____ _____ 数据变化： _____ _____ 结论： _____ _____	2.指导学生对比观察液面气泡的产生，溶液颜色变化及两条曲线变化，分析影响速率变化的原因。 3.从定量角度排除温度对该反应速率变化的影响，确定是生成的Mn^{2+}起了催化作用。	该活动从猜想到验证，帮助学生客观认识定量实验的作用，形成严谨的科学研究态度。

过渡：关于催化剂的研究中，催化剂的选择是个核心问题。我们应该如何进行催化剂的选择呢？

表2 活动元二项目学习，研究H_2O_2分解催化剂的选择

时间	活动形式	活动过程及结果	教师活动	设计意图
5 min	交流研讨 记录质疑	微项目一：《不同浓度H_2O_2分解催化剂的选择》 微项目二：《酸碱性对催化剂催化效率的影响》 ［项目汇报］ 记录并提出疑问 汇报记录 微项目一 1._____ 2._____ 3._____ 微项目二 1._____ 2._____ 3._____	1.指导学生开展项目式学习，从项目启动、资料搜集、方案设计、方案评估和实验研究各方面开展课外项目研究。 2.组织学生在课堂结合教学目标进行项目汇报、答辩及进一步实验研究。 3.指导学生记录项目汇报主要内容，对项目研究过程和成果提出思考和质疑。	以H_2O_2分解为例进行项目学习，研究催化剂的选择。通过前期课外资料搜集、方案设计、方案评估、实验研究等过程，帮助学生进一步扩展对催化剂的认识，培养学生的实验探究能力，在探究中合作解决问题的能力。

时间	活动形式	活动过程及结果	教师活动	设计意图
10 min	交流讨论	［项目答辩］同学们听取汇报后对项目研究过程及成果进行提问，项目小组同学进行答辩，做好答辩记录。 答辩记录 微项目一　1.＿＿＿＿＿＿　2.＿＿＿＿＿＿　3.＿＿＿＿＿＿ 微项目二　1.＿＿＿＿＿＿　2.＿＿＿＿＿＿　3.＿＿＿＿＿＿	组织学生开展项目答辩，对学生在答辩中遇到的困难给予帮助和指导。	在汇报过程中，通过组织学生进行记录和质疑，培养学生倾听、分析项目成果，独立提出问题的能力。通过项目答辩，帮助学生在课堂交流环节对催化剂的选择条件进行更加深入的研究。
3 min 2 min	分组实验 交流讨论	［实验论证］小组设计并进行实验：以 H_2O_2 为原料制备并收集一瓶氧气。 备选试剂：MnO_2 粉末、0.1 mol／L $FeCl_3$、1 mol／L NaOH、1 mol／L HCl 双氧水浓度／双氧水体积／催化剂／其他条件／收集时间 ［实验结果交流］产生 O_2 最快的催化剂，一定适用于实验室制备吗？ 交流记录：＿＿＿＿＿＿＿＿＿＿＿	1. 组织学生对项目小组的研究成果进行讨论交流。 2. 指导学生通过设计并进行实验，对项目小组的研究结果进行验证。 3. 组织学生分析实验结果，提出问题"产生 O_2 最快的催化剂，一定适用于实验室制备吗？"，并组织学生进行讨论。	通过课堂实验论证，加强学生对项目成果的理解和应用。通过对各组实验结果的对比分析讨论，帮助学生进一步认识到在选择催化剂时，需要根据反应的实际需求进行选择，选择合适的催化剂，才是改变反应速率的有效方式。

221

时间	活动形式	活动过程及结果	教师活动	设计意图
3 min	交流研讨	微项目三：《生物体中过氧化氢酶对H$_2$O$_2$分解速率的影响》 ［项目汇报及记录］ 1. _____ _____ 2. _____ _____ 3. _____ _____ ［课堂思考］酶的催化活性与哪些因素有关?	1. 组织学生进行项目汇报，并指导学生做好汇报记录。 2. 与无机催化剂相比，生物酶具有更高的催化活性，酶的活性与哪些因素有关呢？	微项目一、微项目二都是在单一体系中进行的研究，为了扩展对催化剂的认识，微项目三进行了《生物体中过氧化氢酶对H$_2$O$_2$分解速率的影响》的研究，使学生认识到生物酶具有更高的催化活性和更加严格的催化条件。

过渡："水井坊"作为川酒的五大金花之一，以"每一杯都是活着的传承"道出了酿酒工艺的精妙之处。让我们跟随学习小组一起走进"水井坊"，了解催化剂在酿酒工艺中的重要应用。

表3　活动元三调查研学，了解催化剂的应用和社会价值

时间	活动形式	活动过程及结果	教师活动	设计意图
3 min	实地考察 成果分享	项目小组参观"水井坊博物馆"，了解酿酒过程中催化剂的应用。 ［项目汇报］ 项目小组汇报，同学们倾听，了解家乡酿酒工艺中酒曲的作用。	组织项目小组进行项目汇报。	通过走进"水井坊"，了解"不同酒曲对酒品质的影响"及"大曲的适宜催化温度"，帮助学生进一步了解催化剂在生活生产中的具体应用。

续　表

时间	活动形式	活动过程及结果	教师活动	设计意图
3 min	问题延伸交流讨论	小组讨论： 1. 不同酒曲对酿造出的酒有什么影响？ 2. 如何在保证酒品质的基础上提高产量？ 3. 未来酿造工艺的发展与展望。	1. 组织学生开展课堂交流讨论，从催化剂角度对未来酿造工艺做出展望。 2. 利用酿造原理，将微生物发酵与有机合成结合起来，赋予有机合成更加广阔和美好的前景。	从学生熟悉的"水井坊"入手，从化学角度了解催化剂在酿酒工艺中的重要应用。通过该活动帮助学生了解家乡文化，增强对家乡的荣誉感和自豪感。
4 min	视频播放课堂小结	观看微课《催化剂的前世今生》，了解催化剂的社会价值。 要点记录： 1. _____ 2. _____ 我的感想： 1. _____ 2. _____	1. 收集和整理催化剂的发展历程、重要应用和发展现状，并制作成微课。 2. 播放微课《催化剂的前世今生》	在微课的观课过程中，帮助学生从化学史的角度了解催化剂的发展，从绿色化学角度，认识新型分子筛材料催化剂、三元转换器、石墨烯光催化网在资源节约、环境友好中的突出作用，结合当前国情"既要金山银山，又要绿水青山"，激发学生的绿色化学观念，培养其社会责任。

结束语：

我为同学们送上一首关于催化剂的小诗，希望你们能喜欢催化剂，爱上学化学！

致催化剂

——王雅敏

你似薛定谔的猫

化学家为你着迷

你似阿里巴巴的咒语

打开反应进程的金钥匙

你是金山银山的点金石

更是绿水青山的转换器

催化剂呵

你是C919的发动机

助推我的祖国一日千里

四、板书设计

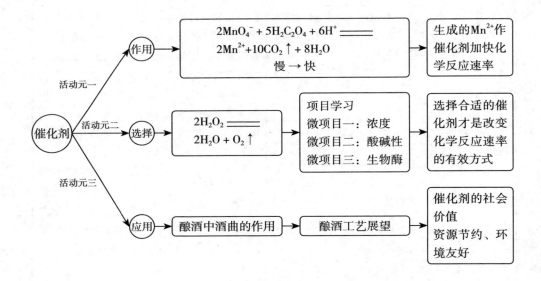

五、教学反思

本节课在教学设计和教学过程实施中重点突出以下三个方面：

（1）化学核心素养是学生在化学认知活动中发展起来并在解决与化学相关问题中表现出来的关键素养。本节课涉及了化学核心素养的多个方面，在科学探究与创新意识、科学态度与社会责任的体现上尤为突出。

（2）多元化的教学模式使教学形式更加丰富和有效。本节课采用的是"基于项目式学习的活动元教学"，活动元一以实验探究展开课堂活动，认识催化剂的作用，活动元二采用了项目式学习的方式，扩展对催化剂的认识，活动元三以应用研学突出催化剂的应用。每一个活动元都有一个相对独立的活动任务，三个活动元之间又存在着一定的逻辑线索，通过这样的学习方式体现课堂学习的高效性和自主性。

（3）多种技术化教学手段的使用。DIS数字化实验的引入可以高效地演绎实验过程，使实验从定性转向定量，更加清晰明确地展示现象、揭示规律。

基于"项目式学习"的学科与生涯规划
融合教学设计

——以"金属矿物的开发利用"为例

一、学习目标

（1）通过学习微课，思考时代背景下职业规划与化学学习之间的关系。

（2）通过学习金属矿物资源开发利用史，掌握典型金属冶炼化学反应原理。

（3）通过探索金属矿物资源开发的工艺变革，感悟科学态度与社会责任。

二、学习重难点

（1）学习重点：感悟化学在与时代背景联系下的金属冶炼工艺革新中所起的重要作用。

（2）学习难点：资源开发利用与职业生涯规划融合的探索。

三、学习过程

活动一：提出问题

表1　思考时代背景下职业规划与化学学习之间的关系

时间安排	活动环节	活动任务	活动内容及小结
3～5分钟	微课学习 思考交流	思考： （1）学习化学，今后可以从事哪些相关行业？ （2）化学学习与金属矿物开发、国家发展战略有何联系？	观看、思考、阅读教材

活动二：规划方案

表2　研究化学原理在金属矿物开发中所起的重要作用

时间安排	活动环节	活动任务	活动内容及小结
5～8分钟	回忆、思考、交流 思考、回答 小组交流、汇报	问题1：金属元素在自然界中的存在形态有哪些？ 问题2： （1）请借助氧化还原原理分析：化合态的金属冶炼的实质是什么？ （2）结合元素周期律，判断金属元素的金属性强弱，并思考：单质还原性与阳离子氧化性之间有何关系？ 问题3： 人类发展历史中哪些金属曾经或现在发挥了重要作用？请结合必修1"金属及其化合物"的相关知识，归纳出该金属化学性质的关键词。	1. 金属存在形态 2. 金属冶炼实质 金属阳离子的氧化性顺序与金属单质的还原性顺序相反

活动三：解决问题

学习金属矿物资源开发利用史，掌握典型金属冶炼化学反应原理。

表3

时间安排	活动环节	活动任务	活动内容及小结
12~18分钟	思考、回答 倾听、思考	问题1: 人类发现和利用金属的顺序跟金属活动顺序表有何关系? 问题2: 在当时特定的时代背景下,古人是怎样研究和应用这些金属及其合金的?站在化学的角度,他们做出了怎样的探索和创新? (1)金器时代 (炼丹术、炼金术) (2)铜器时代 (3)铁器时代 (古法炼锌) (4)铝器时代 问题3: 面向未来,21世纪的金属钛的探索研究,能带给我们怎样的启示? (5)钛器时代 (6)未来时代	一般来讲金属越活泼,则金属发现利用的时间相对越晚。 了解金属冶炼史、掌握冶炼原理和发展变迁。 ★金属冶炼方法(原理) 1.物理方法 2.热分解法 3.热还原法 4.电解法

活动四:评价和反思

联系现在面向未来思索化学研究与资源开发、职业生涯规划的融合。

表4

时间安排	活动环节	活动任务	活动内容及小结
8分钟	了解化学 思考未来 谋划生涯	(1)了解高校与化学专业 (2)感悟化学工作者品质 (3)谋划生涯职业方向	感悟化学在致力于人类社会进步和发展中所起到的重要作用,联系国家发展和时代的召唤,激发个人对未来与化学相关行业、与能源和资源相关领域的职业规划思考。